**알리바바가 온다**

# Alibaba

20억 소비자의 24시간을 지배하는

# 알리바바가 온다

★ ★ ★

임정훈·남상춘 지음

더 퀘스트

# 세계 경제의 미래, 알리바바

10년이면 강산도 변한다고 하는데, 직전 10년은 그 어느 때보다 큰 변화를 보여줬다. 2008년, 애플은 아이폰을 출시하면서 스마트폰 시대를 열었다. 이를 기점으로 산업에서 경쟁의 구도는 완전히 바뀌었다. 플랫폼 기업이 전통 기업의 영역으로 침투했고, 산업 간의 경계가 사실상 사라졌다. 10년 전만 해도 알리바바나 아마존이 반도체까지 만들 거라고 상상한 사람이 있었을까?

지난 10년 동안 어떤 기업은 미래를 대비하고 혁신을 거듭했지만, 어떤 기업은 변화를 거부하다가 사라지기도 했다. 혁신Innovation이라고 하면 무엇이 떠오르는가? 아마도 한국 대기업에 다니는 사람이라면 경영혁신이나 PIProcess Innovation를 떠올릴 것이다. 기존의 프로세스를 표준화하고 원가를 절감해서 이익을 극대화하는 데 초점을 맞추는 전략, 즉 기존에 있는 것을 더욱 잘하는 전략이다. 2000년대 초반 한국 대기업은 글로벌 시장으로 진출하면서 전사적자원관리ERP, 공급망관리SCM를 중심으로 기업 내부의 프로세스를 혁신하여 생산성을 최대로 끌어올리는 데 집중했다. 이는 삼성,

LG, 현대 등 한국 대기업이 글로벌 기업으로 성장하는 발판이 됐다.

이후 삼성·LG 등 대기업은 업계 선두 주자가 되기 위해 혁신을 시도했다. 직원들의 근무 시간을 줄이고 여유 시간을 늘려 창의적인 발상을 할 수 있도록 동기부여를 하고, 그럼으로써 구글·애플 등과 같이 창의적인 조직으로 탈바꿈하겠다는 의도였다. 하지만 한국의 대기업은 지금도 여전히 '오너 → 경영진 → 관리자 → 실무자' 또는 '대기업 → 중소기업 → 하청' 식의 수직적인 문화 속에서 일하고 있다.

다행히 삼성은 2012~2015년 구글과 협력해서 갤럭시를 히트시켰고, 중국 중산층의 폭발적인 성장으로 현대기아차·아모레·LG생활건강·오리온 등 중국 소비 관련 회사들도 다시 한번 호황을 맞는 듯했다. 하지만 이제는 한국 기업이 잘하는 추격자fast follower 전략이 더는 먹히지 않게 됐다. 2014년부터 조선, 철강, 기계, 화학 등 전통 제조업이 급격히 쇠퇴하면서 한국 제조업의 전망은 불투명해졌다. 뭔가 새로운 길을 찾아야만 했다.

그러던 중 2014년 11월에 알리바바가 뉴욕 증시에 상장했고, 이일은 우리에게 강한 인상을 남겼다. 이 일을 계기로 다음의 다섯 가지를 깨닫게 되었다.

1. 중국이라는 거대한 소비 시장이 폭발적으로 성장하고 있으니

여기서 기회를 찾아야 한다.

2. 부의 중심이 제조업이 아니라 데이터 기반 플랫폼으로 옮겨 가고 있다.

3. 한국식 혁신 방식, 즉 비용 절감을 통한 업무 효율화만으로는 더 이상 미래가 없다.

4. 알리바바의 대주주는 창업자 마윈馬雲이 아니라 소프트뱅크의 손정의孫正義 회장이다.

5. 중국 경제를 실시간으로 파악하기 위해서는 무조건 중국어를 배위야 한다.


이런 배경으로 우리는 일터를 중국으로 옮겨왔고, 중국이 모바일 시대에 폭발적으로 성장해가는 것을 생생하게 목격했다. 우리나라와는 다른 성장의 규모와 방식이 놀라웠고, 솔직히 부러웠다. 그중에서도 중국인의 하루 전체를 지배할 만큼, 완벽한 생태계를 구축한 알리바바에 주목했다. 그리고 그들이 준비하고 있는 미래를 통해 우리 두 사람이 느낀 것처럼 한국의 독자들도 커다란 자극을 받기를 기대하게 되었다.

## 신유통에서 신제조로,
## 알리바바가 준비하는 다음 혁명

현재 급변하는 중국 경제의 중심에는 알리바바라는 혁신적인 기업이 있다. 처음에는 중국의 제조업체를 전 세계 시장에 중개해 주는 B2B 중개 서비스 기업으로 출발했으나, 지금은 중국 내 전자상거래e-commerce의 최강자로 자리 잡았다. 이제는 본업을 뛰어넘어 생활에 필요한 다양한 서비스 및 모바일 지급 결제 시스템을 통해 중국인의 삶 전반에 깊이 침투한 상태다. 변화된 중국 경제의 모습을 보여주기에 알리바바보다 더 적절한 예는 없어 보인다.

중국에는 BAT(바이두Baidu, 알리바바Alibaba, 텐센트Tencent)를 비롯해 앤트파이낸셜蚂蚁金服, 디디추싱滴滴出行, 샤오미小米, 메이투안美团, 디제이아이DJI 등 벌써 시가총액이 10억 달러(약 1조 원)가 넘는 유니콘 기업들이 수두룩하다. 그리고 이 유니콘 기업의 투자를 이끄는 대표 기업이 바로 알리바바, 텐센트다. 특히 알리바바는 유통·제조·금융업 등 모든 산업에 영향을 미치는, 정말 차원이 다른 회사다. 사람들은 마윈을 통해서 알리바바를 알고 있지만 그들이 어떤 큰 그림을 그리고 있는지, 그 그림이 구체적으로 어떻게 실행되고 있는지는 잘 모른다.

알리바바는 전통적인 유통 업체인 선아트리테일, 인타이銀泰 백화점, 롄화联华 마트 등 유명 슈퍼마켓과 백화점의 인수 및 투자를 진행했고, 온라인과 오프라인을 결합하는 신유통 사업 모델을 개발했다. 그리고 신유통은 이제 중국 내에서 완전히 자리를 잡았다. 신선식품이 30분 안에 도착하는 것은 물론이고, 중국 전역 1일 배송이 가능해졌다. 데이터를 기반으로 한 스마트 물류 플랫폼 덕분이다. 국내에서는 신세계와 CJ, 롯데 등이 신유통 경쟁에 뛰어들면서 새로운 생태계를 조성하기 위해 부단히 애를 쓰고 있다.

마윈은 여기서 한발 더 나아가 '신유통'을 넘어 '신제조' 시대를 열어가고 있다. 마윈은 2018년 9월 알리바바클라우드 개발자 대회인 윈치云栖 대회 연설에서 신유통에 이어 신제조가 알리바바가 나아가는 방향임을 밝히며, 신제조가 산업을 재정의할 것이라고 말했다. 신제조가 온라인과 오프라인의 결합이었다면 신제조는 DT Data Technology를 활용해 제조업과 서비스업을 결합하는 개념이다. 이는 기존의 대량 표준화 형태의 제조 방식이 IoT, 인공지능, 빅데이터를 활용해 고객 맞춤형으로 바뀌는 것을 의미한다.

전통적인 제조업에서 생산 라인을 통해 5분간 같은 양식의 옷 2,000개를 생산하는 것이 관건이었다면, 다가올 신제조 시대에는 5분간 다양한 소비자들의 필요를 만족시킬 서로 다른 스타일의 옷 2,000개를 생산해내는 것이 핵심이 된다. 물론 소비자들의 다양한 욕구를 찾아내는 일은 알리바바와 같은 IT 서비스 기업의 데이터 분석을 통해 이루어질 것이다. 그리고 제조업의 모든 기계와 생산

라인의 데이터가 서비스 데이터와 연동되기 시작하면 마윈의 말처럼 신제조라고 일컬을 만한 제조업의 패러다임 전환이 일어날 것이다.

알리바바는 유통뿐만 아니라 인공지능, 빅데이터, 클라우드, 자율주행, 사물인터넷 등 기술혁신 및 연구에 엄청난 투자를 진행 중이다. 광범위한 서비스를 자사의 플랫폼 안으로 끌어들일 계획을 세우고, 공격적인 M&A(인수 합병)와 전략적 제휴를 통해 기술 및 사업 인프라를 확보해 나가고 있다는 사실 또한 간과해선 안 된다.

### 미국 vs. 중국
### 승자는 아직 결정되지 않았다

중국의 알리바바와 미국의 아마존은 비슷해 보이면서도 완전히 다른 철학을 가지고 있다. 아마존은 플랫폼 내에서 모든 것을 통제하는 폐쇄적인 생태계를 구축하고 있다. 그에 반해 알리바바는 플랫폼 참여자들의 자율성을 살려 더 많은 참여자를 끌어들이고 고객을 모으는 개방적인 생태계를 구축하고 있다. 마윈은, 아마존은 "전자상거래 회사ecommerce company"지만 알리바바는 "전자상거래를 가능케 하는 업체ecommerce enabler"라고 말한다. 자신들의 생태계는 열려있다는 것을 강조하면서 모든 이에게 친숙하게 다가서는 것이다.

알리바바가 미국 아마존에 견줄 만큼 세를 확장한 것처럼, 세계 경제 1위와 2위인 미국과 중국 간의 무역전쟁도 뜨거운 감자다. 이에 마윈은 미국과 중국이 무역전쟁으로 충돌하는 것은 너무도 자연스러운 현상이라고 말한다. 그는 2018년 9월, 윈치 대회 키 세션에서 "설령 지금의 경쟁과 갈등 구도가 20년을 이어지더라도 중국은 이를 현명하게 헤쳐나갈 것"이라는 자신감을 피력한 바 있다.

2019년 1월 CNN은 중국이 올해 처음으로 미국을 제치고 세계 최대 소비 시장으로 등극할 것이라고 보도했다. 미국의 글로벌 시장조사 기관인 이마케터eMarketer 는 2019년 중국 소비 시장은 5.6조 달러(약 6,160조 원)를 뛰어넘을 것이며, 미국 소비 시장을 1,000억 달러(약 110조 원) 앞설 것으로 예측했다. 특히 중국 소비자들의 구매력 증가와 전자상거래의 발달이 소비 시장의 확대를 촉진하고 있다고 분석했는데, 그 이면에는 알리바바와 같은 전자상거래 업체가 중요한 역할을 하고 있다고 전했다.

이미 중국의 GDP는 2017년 기준으로 세계 2위이며, 3위인 일본의 2.5배, 4위인 독일의 3.3배다. 블룸버그 통신의 경제 전문가들은 중국의 경제 규모가 미국을 앞설 것으로 지속해서 예상해 왔고, 다만 "중국이 얼마나 빨리 미국을 역전할 것인가가 관심사"라고 전했다. 현재 진행되고 있는 미·중 간 무역 전쟁도 이런 위기감에 둘러싸인 미국이 중국을 견제하기 위해 진행되었다고 해도 과언이 아니다. 중국은 우리의 상상보다 더 빠른 규모와 속도로 미국 경제를 압도해 가고 있다. 따라서 중국 시장의 규모와 잠재성을 고려할 때 향후 글로벌 시장에서 미국의 아마존과 경쟁해서 이길 수 있는 잠재력을 가진 유일한 기업은 단연 중국의 알리바바다.

세계 패권국의 자리를 놓고 미국과 벌이는 경쟁에서 중국은 그리 쉽게 지지 않을 것이다. 우선 중국은 3억 명 이상의 중산층을 바탕으로 한 튼튼한 내수 시장을 가지고 있고, 향후 중산층은 더 증가할 전망이다. 차이중신蔡崇信 알리바바 그룹 부회장은 〈사우스 차이나 모닝 포스트South China Morning Post〉를 통해 "미·중 무역전쟁도 향후 10~15년 사이에 현재의 2배인 6억 명이 될 중국 중산층의 성장을 막을 수는 없고, 중국 중산층은 결국 세계 2위 경제 국가의 소비 성장을 장기적으로 이끌 것이다"고 말했다. 수출이 급격히 감소하여 심한 타격을 받게 된 수출 주도형 일본 경제와는 달리 중국은 내수 소비 시장을 강화해 미국과의 무역 갈등으로 인한 영향을 최소화할 것이다.

마윈은 "무역 갈등으로 전 세계의 글로벌화가 멈추어서는 안 되며, 무역전쟁이 심화할수록 미국이 더 고통받을 것"이라고 강조했다. 아울러 경제의 글로벌화 및 자유무역은 피할 수 없는 대세이며, 보호무역의 움직임은 손바닥으로 하늘을 가리려는 시도라고 말했다. 물론 현재 양국의 수출 규모는 중국의 대미 수출액이 미국의 대중 수출액의 거의 4배에 달한다. 단순 산술 계산으로는 중국이 입을 피해가 더 클 것으로 보인다. 그러나 마윈의 자신감은 이런 우려를 불식시키고 글로벌 시장에서 중국의 미래를 긍정적으로 보게 만든다.

## 아프리카까지 뻗어 나가는
## 글로벌 플랫폼 알리바바

마윈은 개방된 무역 플랫폼인 eWTP(전자세계무역플랫폼, electronic world trade platform)를 구축 중이다. eWTP는 전 세계 중소기업이 원활하게 무역을 할 수 있도록 돕는 운영 인프라로 물류, 클라우드 컴퓨팅, 가상 결제, 직업 훈련 등이 포함되어 있다. 알리바바는 eWTP를 통해 좋은 아이디어를 가진 기업의 상품화 단계에서 마케팅까지를 모두 지원한다. 중소기업들이 글로벌 경제에 편입될 수 있도록 알리바바가 도와주는 것이다. 이로써 전 세계 중소기업이 휴대전화 하나로도 글로벌하게 물건을 사고팔 수 있도록 돕고, 이를 통해 글로벌 디지털 경제 발전을 촉진하려는 복안腹案을 가지고 있다.

2016년 3월 마윈은 중국 보아오포럼Boao Forum for Asia에서 eWTP를 처음 제안했다. 그리고 2017년 3월 말레이시아, 2018년 7월에는 벨기에, 2018년 10월에는 르완다 정부와 협력하며 각각 아시아, 유럽, 아프리카에 eWTP 거점을 마련했다. 우선 벨기에 리에주 공항 내 22만 제곱미터 규모의 물류 창고를 임대해 2021년부터 운영을 시작할 예정이며, 최근 홍콩에도 무역 확대를 위해 홍콩 국제 공항 내 부지를 마련해 스마트 로지스틱스 허브를 가동할 예정이다.

이와 관련된 마윈의 국제적인 활동은 웬만한 국가 정상의 외교 행보 이상이다. 만약 마윈의 의도대로 eWTP가 국제 무역의 표준으로 자리를 잡는다면, 알리바바는 이 플랫폼에 다양한 서비스를 접목해 더 큰 생태계를 구축할 것이다.

마윈은 정보 기술에 대해 과도한 걱정을 하는 미국, 유럽 선진국 대신 그 기술을 신뢰하고 적극적으로 받아들이려 하는 아프리카 시장을 우선 협력 파트너로 선택하겠다고 밝힐 정도로 새로운 시장을 개척하는 데 거침이 없다. 현재와 같은 전략이라면 가까운 미래에 12억 아프리카 시장에도 지불 결제 시스템 및 물류 인프라를 구축할 것으로 보인다. 아프리카에 전자상거래를 가능하게 하고 이 플랫폼을 통해 중국 시장에서 검증된 모바일 인터넷 생태계로 소비자들을 유입한다면 동남아, 인도에 이어 세계 인구의 60% 이상이 알리바바의 영향권에 들어가게 될 것이다.

마윈은 변화하려면 엽공호룡(叶公好龙, '엽공이 용을 좋아한다'는 뜻으로 겉으로는 좋아한다고 하지만 실제로는 두려워하는 것을 의미)의 자세를 경계해야 한다고 강조한다. 그는 정부나 기업이 전통적인 산업의 기득권만 보호하려 하고 새로운 시도에 딴지를 건다면 새로운 혁신은 일어나지 않을 것이라고 한다. 우리나라 정부와 기업도 DT 기술을 핵심으로 한 4차 산업혁명이라는 패러다임의 전환기를 잘 헤쳐나가지 않으면 향후 글로벌 무대에서 생존을 보장받기 어려울 것이다. 알리바바와 마윈은 우리에게 '앞으로 모든 산업이 새로운 디지털 기술과 융합하고 변화하지 않으면 생존할 수 없다'는 메시지를 던진다.

마윈은 2018년 9월, 1년 뒤 그룹 회장직을 장융張勇에게 물려주고 본인은 마이크로소프트의 빌 게이츠처럼 교육 및 자선사업에 전념할 예정이라는 은퇴 계획을 발표했다. 급작스러운 발표에 모두가 놀랐지만, 마윈 자신은 도리어 의연했다. 그는 은퇴를 이미 10년 전부터 준비했으며, 외압이나 건강 문제가 아니라 성공한 사업가가 젊은 후계자에게 최고 경영자의 자리를 승계해 주는 선례를 만들고 싶었다고 밝혔다.

그는 은퇴 후에도 데이터 기술이 가져올 새로운 미래를 전파하고 전 세계 청년들에게 사업가의 비전을 심어주는 활발한 강연 활동을 이어갈 것이다. 우리는 데이터 기술로 급변할 미래를 준비하기 위해 그의 통찰력이 담긴 이야기를 들어봐야 하고 알리바바의 사업 비전을 알아야 한다. 그 과정에 이 책이 도움이 되기를 바란다.

사실 한국에서 출간된 알리바바와 중국 비즈니스 관련 책들은 대부분 번역서이거나 마윈의 인생 철학 위주여서 비즈니스 모델에 대한 깊이 있는 분석을 찾기 어려웠다. 그 아쉬움으로 우리 두 사람은 중국에서 몸소 경험하고 느낀 생생한 변화를 공유하고자 책을 쓰기 시작했다.

4차 산업의 도래로 변화하는 세상의 속도가 너무 빨라서 따라잡을 수가 없을 정도다. 그럼에도 용기와 비전을 갖고 글로벌 시장 진출이나 투자를 계획하고 있다면 알리바바에 주목하기를 적극 권한다. 중국을 넘어 아마존과 경쟁하고, 인도와 동남아, 아프리카 시장까지 노리고 있는 그들의 파격적인 행보는 분명 글로벌 비즈니스의 변화를 예측할 가장 좋은 지표가 될 것이다.

2019년 봄
임정훈, 남상춘

★ ★ ★
Chapter 1

# 왜 지금
# 알리바바인가?

★ ★ ★

# 변화가 일어나는 곳에
# 부가 있다

자본주의 세상에 살고 있는 우리는 항상 세계 최고의 부자에 관심을 갖는다. 신흥 갑부들을 이해하면 세계 경제가 어떤 방향으로 움직일지 알 수 있기 때문이다. 세계 최고의 갑부라고 하면 아마도 대부분 빌 게이츠를 떠올릴 것이다. 하지만 2018년 아마존의 주가가 급등하면서 세계 최고의 부자는 아마존의 창업자 제프 베이조스로 바뀌었다. 그럼 중국에서 최고의 부자는 누구일까? 부동산 기업인 완다그룹万达集团의 회장 왕젠린王健林이나 헝다그룹恒大集团의 쉬지아인许家印이 최고 부자였다가, 최근에는 알리바바의 마윈과 텐센트의 마화텅马化腾이 엎치락뒤치락하고 있다.

언제부터인가 부富가 데이터를 장악한 기업으로 급격히 쏠리고 있다. 인터넷 시대에서 모바일 시대로 전환된 2008년 아이폰 출시가 그 도화선이 됐다고 본다.

잠시 2008년으로 돌아가 보면, 미국에서 발생한 서브프라임 경제 위기는 전 세계 경제에 치명적인 타격을 가했다. 당시 나는 세계 경제 문제가 어떻게 움직이는지 정말 궁금했다. 그래서 글로벌 경제와 관련된 다큐멘터리를 자주 봤는데, 중국 중앙방송국인 CCTV에서 만든 12부작 경제 다큐멘터리가 특히 기억에 남는다. 이 프로그램에서는 대국굴기大国崛起를 통해 중국 경제가 앞으로 엄청나게 발전할 것임을 암시했다. 스페인·포르투갈·네덜란드·영국·프랑스·독일·일본·러시아·미국 등 9개국의 전성기를 다루면서 중국이 대국이 되려면 어떻게 해야 할지를 묻고 있었다. 이제 미국은 점점 힘을 잃어가고 있고, 중국이 글로벌 리더로서 부상해야 하니 중국인들이 혁신 정신을 가지고 창업해서 기회를 잡으라는 메시지로 들렸다.

때마침 스마트폰이 보급되고, 중국은 13억 인구를 기반으로 모바일 시대를 맞이하여 놀라운 성장의 기회를 얻게 됐다. 사회주의 국가가 어떻게 기업가 정신을 바탕으로 파괴적 혁신을 이루는지 정말 놀라울 따름이다. 덩샤오핑의 개혁개방 이후 지속된 중국인들의 부에 대한 뜨거운 열망이 그 원동력이라고 본다. 구체적으로는 중국 정부의 리더십, 풍부한 인재, 성공한 IT 기업의 활발한 투자, 기업이나 정부가 개인정보를 이용하는 데 대한 개인의 저항이 비교적 크지 않다는 것 등을 꼽을 수 있다.

첫째, 중국 정부는 창업 기업과 앤젤 투자가에게 세제상 우대 혜택을 부여하고, 보다 많은 사람이 쉽게 창업할 수 있도록 행정 처리를 대폭 간소화하는 등 정책적·제도적 지원을 하고 있다. 또한 신산업은 일단 시행해보고 문제가 생기면 해결하는 정책을 펼치는데, 이 역시 큰 도움이 되고 있다.

둘째, 상하이·베이징·선전 등 대도시에는 명문 대학이 많고 그 주변에 창업타운이 조성되어 있다. 이곳에서는 창업 세미나가 자주 열리는 등 투자자와 창업가가 교류하기에 매우 좋은 환경이다.

셋째, BAT(바이두, 알리바바, 텐센트)는 중국 선두 IT 기업이면서 가장 영향력 있는 투자 회사이기도 하다. 일단 이 회사의 투자를 받는 것만으로도 업계의 인정을 받으며 승승장구할 수 있다. 중국의 유명한 유니콘 기업 대부분이 BAT의 투자를 받았다고 해도 과언이 아니다.

넷째, 중국에서는 인터넷에 글을 올리거나 위챗에서 대화를 할 때 항상 조심해야 한다. 모든 대화 내용이 모니터링되기 때문이다. 중국은 여러 사람이 모여서 정부를 비판하거나 집회를 하는 것에 극도로 민감하며, 정부가 개개인의 정보를 수집하고 이용한다. 예를 들어 지하철을 탈 때 알리페이를 이용하면 동선정보가 노출될 수 있고, 길거리의 CCTV를 통해 안면인식이 되어 사생활이 노출될 수 있다. 개인 입장에서는 알게 모르게 정보기 노출되지만, 기업은 이런 데이터를 바탕으로 인공지능이나 스마트시티 기술을 빠르게 향상시킬 수 있으며 정부는 기업으로부터 데이터를 넘겨받아 통치에 활용할 수 있다. 서구라면 상상도 못 할 일이다. 이에 대한 윤리적 판단은 잠시 논외로 하고, 이것이 중국 모바일 경제를 키운 배경 중 하나였다.

10여 년 전, 유명한 경제 전문가인 박경철 님은 아주대 강의에서 이렇게 말했다.

> "0.1%의 천재가 세상을 바꾸고, 1%의 사람이 그 천재를 알아보고 투자해서 부자의 반열에 오르고, 나머지 99%는 나중에 따라온다."

다시 말하면, 시대가 바뀔 때마다 창조적 혁신가들이 생겨나고, 그 혁신가들을 알아보는 통찰력 있는 소수가 있다는 것이다. 우리가 0.1%의 천재가 될 수는 없다고 하더라도, 노력만 한다면 통찰력을 가진 1%는 될 수 있을 것이다.

홍콩·뉴욕·상하이·선전 모두 세계적인 증권 시장으로 유명하지만, 이곳은 야경으로도 유명한 곳이다. 자본주의의 꽃인 증권 시장은 기업의 가치를 평가받는 곳이다. 즉, 부의 가치를 공개적으로 평가받는 곳이다. 2008년 글로벌 상장사의 시가총액을 살펴보면 석유에너지·통신·국유은행 등이 차지하고 있었지만, 2018년에는

| 연도별 시가총액 상위 10위 기업 | | | |
| --- | --- | --- | --- |
| 2008년 | | 2018년 | |
| 순위 | 기업명 | 순위 | 기업명 |
| 1 | 페트로차이나 | 1 | 애플 |
| 2 | 엑손모빌 | 2 | 알파벳 |
| 3 | GE | 3 | 아마존 |
| 4 | 중국이동통신 | 4 | 마이크로소프트 |
| 5 | 마이크로소프트 | 5 | 텐센트 |
| 6 | 중국공상은행 | 6 | 페이스북 |
| 7 | 페트로브라스 | 7 | 버크셔해서웨이 |
| 8 | 로얄더치셸 | 8 | 알리바바 |
| 9 | AT&T | 9 | JP 모건 |
| 10 | P&G | 10 | 존슨 앤 존슨 |

출처: S&P 캐피탈 IQ, 해당 연도 3월 15일 기준

| 2018년 중국 최고 부자 순위 | | | | | | |
| --- | --- | --- | --- | --- | --- | --- |
| 2018년 | 2017년 | 2018년 (억 원) | 이름 | 회사명 | 업종 | 본부 위치 |
| 1 | 4 | 461,175 | 마화텅 | 텐센트 | 인터넷 | 선전 |
| 2 | 2 | 429,330 | 마윈 | 알리바바 | 인터넷 | 항저우 |
| 3 | 21 | 377,025 | 쉬지아인 | 헝다 | 부동산, 문화, 백화점 | 선전 |
| 4 | 1 | 294,030 | 왕젠린 | 완다 | 부동산, 문화, 백화점 | 베이징 |
| 5 | 18 | 267,300 | 양훼이지 | 비구이위안 | 부동산, 문화 | 순더 |
| 6 | 3 | 224,400 | 왕웨이 | 순펑 | 물류 | 선전 |
| 7 | 6 | 223,740 | 허상지엔 | 메이디 | 가전 | 순더 |
| 8 | 4 | 215,655 | 딩레이 | 왕이 | 인터넷 | 광저우 |
| 9 | 49 | 172,590 | 리슈푸 | 지리자동차 | 자동차 제조 | 타이저우 |
| 10 | 9 | 169,455 | 레이쥔 | 샤오미 | 휴대폰, 인터넷 | 베이징 |

출처: 2018 중국후룬보고서

FAANG(페이스북, 애플, 아마존, 넷플릭스, 구글)을 비롯해 알리바바, 텐센트가 10위권에 진입했다. 즉, 전통 산업이 저물고 데이터를 기반으로 성장한 플랫폼 기업을 중심으로 산업이 재편되고 있다는 의미다.

약 150년 전 미국에서 산업혁명이 확산될 때 철도왕 밴더빌트, 철강왕 카네기, 석유왕 록펠러, 투자왕 모건 스탠리가 있었던 것처

럼 중국에서도 BAT를 비롯하여 지리吉利자동차, BYD, DJI, 거리전기格力電器, 하이얼, 메이디, 순펑順风택배 등 거대한 기업들이 일어나고 있다. 중국은 실제로 '제조 2025' 정책을 통해 제조 대국에서 기술 강국으로 거듭나기 위하여 전력 질주하고 있다. 기업들은 인공지능과 로봇과 같은 첨단 산업에 집중 투자하고 있고, 정부도 적극적으로 지원하고 있다. 10년 전과 현재의 시가총액 상위권을 비교해보면, 미국뿐만 아니라 중국에서도 부의 중심이 에너지·금융·통신 기업에서 플랫폼 기업으로 변해가고 있음을 알 수 있다. 즉, 이제는 데이터에서 부의 기회를 찾아야 한다는 뜻이다.

한편, 2018년 한국 기업의 시가총액은 2008년에 비해서 3배 증가했다. 금액적인 면에서는 상당히 늘어났지만 세계 500대 기업에 포함된 한국 기업 수는 2008년과 동일한 4개로 삼성전자, SK하이닉스, 셀트리온, 현대자동차가 전부다. 새롭게 부상한 셀트리온(제네릭 의약품 제조사)을 제외하고 삼성전자, SK하이닉스, 현대차, 포스코, LG화학 등은 사업 영역이 20년 전과 별다른 변화가 없다. 이는 한국 대부분의

**한국 시가총액 상위 기업**

(단위: %)

전체 시장의 51.5

삼성 27.1

SK 6.9
LG 5.5
현대차 5.1
포스코 1.9
롯데 1.7
현대중공업 1.0
한화 0.9
신세계 0.7
GS 0.6

출처: 한국거래소

대기업이 아버지의 사업을 물려받아서 경영하기 때문에 새로운 영역에 도전하여 혁신하는 일이 드물다는 얘기이기도 하다.

반면 중국은 샤오미, 메이투안이 이미 홍콩 증시에 상장했고 앤트파이낸셜, 디디추싱을 비롯한 수많은 유니콘 기업이 상장을 준비하고 있다. 끊임없는 혁신을 통해서 새로운 기업들이 출현하는 것이다.

중국에서 하드웨어 천국으로 유명한 선전 화창베이에 간 적이 있다. 통신사인 ZTE를 비롯해 폭스콘, 텐센트, 화웨이, 오포OFO와 비보VIVO, 샤오미, TCL, 스카이워스Skyworth, 콩카Konka, DJI 등 중국의 유명 IT 기업들이 다 모여 있는 곳이었다. 대중교통으로는 워런 버핏이 투자한 전기차 업체인 BYD의 전기버스나 택시가 많이 보였는데 충전 인프라도 잘 갖춰져 있었다. 지하철도 위챗페이微信支付만 있으면 티켓을 구매할 수 있었다.

가장 인상 깊었던 것은 창업을 독려하는 분위기였다. 시내 건물들에서 '실패해도 괜찮으니 도전하라'는 문구가 자주 눈에 띄었다. 중국의 창업 생태계가 이미 선순환하고 있음이 실감났다. 이는 다음과 같은 요소가 작용한 덕이다.

1. 마윈, 레이쥔雷軍(샤오미 CEO), 청웨이程維(디디추싱 CEO), 왕싱王興 (메이투안 CEO) 같은 지속적인 슈퍼스타 기업가의 탄생

2. 다양한 창업 아이템

3. 누구나 창업할 수 있는 '대중 창업' 분위기와 인재들의 끝없는 유입

4. 풍부한 자금 조달 환경

5. 고위험 고수익High Risk, High Return이 가능한 투자 환경

6. 정부의 방임과 규제의 적절한 조화

지금 한국의 환경과 너무 대비된다는 걸 느낄 것이다. 한번 실패하면 재기하기 어려운 한국에서는 상상하기 힘든 모습이다. 그렇다면 우리는 어떻게 해야 할까?

우리에게도 창업에 성공한 슈퍼스타가 필요하다. 중국은 창업해서 성공한 기업가를 영웅으로 대우해주고, 그들처럼 되고자 하는 청년들이 넘쳐나고 있다. 샤오미를 필두로 앞으로는 유니콘 기업들이 홍콩이나 상하이 증시에 계속해서 상장될 것이다. 그럴 때마다 신흥 부자들이 생겨나면서 사회 발전에 엄청난 원동력이 될 것이다. 창업을 하든지 투자를 하든지, 우리도 이제는 글로벌로 나가야 한다.

한국에서 1위는 이제 더는 의미가 없다. 카카오나 네이버가 해당 분야에서 국내 1위를 하고 있지만, 시가총액을 보면 답이 나온다. 2019년 1월 기준 네이버가 21조 원, 카카오가 8조 원이다. 그런데

아직 상장은 되지 않았지만 샤오미는 100조 원, 앤트파이낸셜(알리페이)은 150조 원으로 평가받고 있다. 중국은 한국과 비교하면 시장의 크기가 비교할 수 없을 만큼 크다. 물론 미국이나 중국에서 성공한다는 게 말처럼 쉽진 않겠지만 한국에서도 마윈, 제프 베이조스, 손정의 같은 인물이 나와야만 창업을 하려는 혁신의 물꼬가 트인다고 본다. 더는 정주영, 이병철, 이건희만 꿈꿀 수는 없다. 시대가 바뀌었다. 새로운 스타가 필요한 시점이다.

그러기 위해서는 항상 미국과 중국의 경제 트렌드, 특히 4차 산업과 관련된 추세를 읽어야 한다. 미·중 무역전쟁이 시작된 후 중국에서는 기술굴기, 인공지능굴기, 반도체굴기 등 분야에서 최고로 우뚝 솟겠다는 뜻의 '굴기'라는 말이 더 강조되고 있다. 분쟁의 진짜 이유는 중국이 4차 산업에서 미국을 바짝 추격하고 있기에 조만간 자국을 앞지를 수 있다는 미국의 두려움이다. 그래서 브로드컴이나 알리바바 같은 중국계 기업이 미국 IT 기업을 인수합병하지 못하도록 하는 것이다. 즉 앞으로의 경쟁은 'FAANG vs BAT'처럼, 4차 산업을 이끄는 기업 간의 전쟁이 될 것이다. 부는 나라를 막론하고 항상 변화가 일어나는 곳에 있다.

# 청년 마윈의
# 창업 스토리

## 알리바바의 탄생

• • •

알리바바를 이해하려면 먼저 마윈을 이해해야 한다. 마윈은 어린 시절 항저우 근처에 살았는데, 아침마다 집에서 1시간이나 떨어져 있는 서호西湖 부근 호텔로 가 외국인들과 영어로 대화를 나누고 무료로 가이드를 해줬다. 어린 시절부터 외국인들과 사귀면서 서방 문화를 접한 것이 나중에 글로벌 기업을 만드는 데 밑거름이 된 것이다.

마윈은 영어는 잘했지만, 수학은 썩 잘하지 못했다. 중국의 또 다른 유명 창업자인 텐센트의 마화텅이나 바이두의 리옌훙李彦宏, 징둥의 류창둥劉强東은 각각 선전대학, 베이징대학, 런민대학을 나왔지만 마윈은 이에 비하면 항저우 사범대학 영어교육과를 삼수로 입학했다. 그렇지만 교내 동아리 활동을 적극적으로 했고 3학년 때는 학생회장이 됐다. 아마도 마윈의 언변은 이때 다져진 것으로 보인다.

졸업 후에는 대학교 강사 생활을 하면서 꾸준히 무역 지식도 쌓아나갔다. 1992년에는 강사를 그만두고 동료들과 함께 하이보海博라는 전문 번역 회사를 설립했다. 당시 항저우 최초의 번역 회사였다. 번역으로는 돈을 벌지 못하자 항저우 근처에 있는 이우义乌시장에서 잡화·의약품·의료기계 등을 팔기 시작했고, 이를 통해 조금씩 돈을 벌었다. 이우시장은 중국 최대의 잡화시장으로 온종일 구경해도 다 볼 수 없을 만큼 물건이 다양하고 가격이 저렴하다.

마윈은 어릴 적부터 주도적으로 영어 공부를 했으며, 학생회장을 하면서 리더십을 길렀다. 특히 이우시장에서 배운 저장상인 정신은 이후 알리바바를 설립하는 데 중요한 경험이 됐을 것이다.

1995년, 마윈은 항저우시 정부가 민간고속도로 보수공사에 자본을 조달하기 위해 미국 투자 회사를 유치하는 과정에서 통역 및 중재자로 미국에 가게 됐다. 그때 처음으로 인터넷을 접하게 됐는데 가장 먼저 입력해본 단어가 'beer'였다고 한다. 마윈은 인터넷을 통해 전 세계의 번역된 정보를 볼 수 있지만 중국어는 입력조차 할 수 없다는 걸 알게 됐다. 이때부터 인터넷을 이용하여 중국에서 사업을 하기로 마음먹었다.

중국으로 돌아온 마윈은 친구들을 불러모아 자신의 생각을 나누고, 자금을 빌려 웹사이트를 만들기로 했다. 이때만 해도 집집

1996년 차이나옐로페이지
창업 당시의 마윈.

1998년 알리바바 창업 당시
마윈과 창업 멤버들.

마다 두꺼운 전화번호부를 두고 필요한 번호를 찾던 시절이었다. 1995년 마윈은 중국 최초의 상업용 페이지인 차이나옐로페이지中国黄页를 만들었다. 초기엔 이용자가 없었지만, 영업을 하면서 차츰 고객이 모였고 인지도도 올라갔다.

인터넷 열풍이 불면서 마윈의 사업도 성장했으나, 자본금이 많은 이들과의 경쟁도 점차 심해졌다. 1997년 마윈은 차이나옐로페이지를 떠나 정부기관인 대외경제무역부에서 일했다. 하지만 제도권 안에서는 자신의 꿈을 실현할 수 없다고 느꼈고, 다시 항저우로 돌아와 17명의 창업 멤버와 8,500만 원을 모아서 알리바바를 창업 했다. 바야흐로 중국 전자상거래의 전설이 시작된 것이다.

마윈은 그간의 경험을 바탕으로 미래 중국 인터넷 비즈니스가 엄청나게 발전하리라는 확신을 가지게 됐고, 1999년과 2000년에 총 284억 원을 투자받았다. 창업 초기에 투자금을 확보하는 것은 매우 중요한데, 여기서 빼놓을 수 없는 사람이 차이충신蔡崇信 부회 장이다. 대만 국적인 차이충신은 골드만삭스의 연봉 11억 원을 포기하고 알리바바에 합류한 것으로 유명하다.

차이 부회장은 1999년 지인으로부터 골드만삭스가 글로벌 인터 넷 경제에 주목하고 투자를 검토 중이라는 정보를 입수하고 알리 바바를 어필했다. 골드만삭스는 알리바바에도 시찰 인원을 보냈 고, 최종적으로 피델리티·인베스터 등과 함께 57억 원을 투자하기 로 결정했다. 차이 부회장의 노력 덕분에 알리바바는 투자를 받고 힘든 시기를 넘길 수 있었다. 이후에도 차이 부회장은 알리바바가 자금 압박에 시달릴 때마다 최선을 다해 투자를 끌어냈다.

그중 손정의 회장에게 투자를 받은 일화는 아주 유명하다. 6분 만에 끝난 협상이라고도 알려져 있는데, 차이충신 부회장의 협 상 실력과 마윈의 카리스마가 더해진 이 협상을 통해 알리바바는 227억 원을 유치했다. 이 투자는 세계 투자 역사에서 가장 기억될

만한 사건으로 꼽힌다. 알리바바의 상장과 함께 마윈과 손정의 회장은 각각 중국과 일본의 최고 부자가 됐다. 특히 손정의 회장은 미래를 내다보는 통찰력으로 3,000배의 투자수익을 거뒀다. 손 회장은 알리바바뿐만 아니라 반도체 기업인 ARM과 엔비디아Nvidia, 차량공유 서비스 업체인 디디추싱과 우버에도 투자를 하고 있으며, 4차 산업혁명 시대에 가장 유명한 투자자이기도 하다. 자원이 없고 인재가 많은 한국이 앞으로 롤모델로 삼아야 하는 경영자다.

참고로 알리바바의 경쟁자인 아마존은 미국의 명문인 프린스턴대학교를 졸업하고 월스트리트에서 금융 전문가로 승승장구하던 제프 베이조스가 설립했다. 베이조스는 1994년 인터넷의 폭발적인 성장에 관한 기사를 읽고 창업을 결심했다. 주변에서는 극구 말렸지만 그는 전자상거래 시장의 잠재력을 시험해보고 싶었고, 치밀한 분석과 예측을 통해 인터넷상에서 가장 많이 판매할 수 있는 상품이 책이라는 결론을 얻었다. 세계 최대 규모의 온라인 서점 '아마존'은 이렇게 해서 탄생했다.

당시만 해도 온라인으로 물건을 산다는 데 의구심을 갖는 사람이 많았지만, 지금 아마존은 전 세계에서 가장 큰 소매 기업이 됐다. 게다가 아마존은 특정 산업만을 공략하는 것이 아니라 모든 공급망supply chain을 아우르는 플랫폼 기업으로 거듭났다. 이젠 아마존이 어떤 기업이라고 정의하는 것조차도 쉽지 않다. 마윈과 베이조스 모두 인터넷 초창기에 미국과 중국이라는 큰 시장을 보고 기회를 선점한 것이다.

1990년대에 한국은 인터넷 초강국이었다. 네이버나 카카오톡 같은 플랫폼 기업이 나오기도 했다. 하지만 시장의 크기, 즉 생각의 크기가 너무 작았던 것 같다. 나는 한국인의 단점이 '생각의 크기'라고 생각한다. 작은 나라에서 획일적인 교육 방식으로 비슷비슷하게 자라다 보니 생각의 크기가 작고, 남들과 다르게 생각하는 능력도 부족하다. 이것은 미국, 중국 등의 기업인들과 경쟁할 때 아주 불리하게 작용한다. 단일민족으로서의 장점도 있지만, 융합의 시대인 지금은 다양한 문화가 섞여 새로운 무언가를 만들어내는 것이 매우 중요하다. 4차 산업혁명 시대에는 어릴 때부터 '세계를 무대로 남다르게 생각Think Global, Think Different'하면서 자랄 수 있도록 환경을 만들어주어야만 한다.

## 알리바바의 초기 사업 모델

• • •

알리바바가 전자상거래 플랫폼 사업 초기에 강력한 경쟁자인 이베이를 물리친 일화도 유명하다. 이베이는 당시 수익에만 집중했는데 알리바바는 입점 수수료를 받지 않고 판매자를 늘렸으며, 이것이 탁월한 선택으로 드러났다. 판매자들이 몰려들자, 매장이 잘 노출되게 하려면 수수료를 내고 광고를 하라고 하면서 수익을 늘려갔다.

알리바바는 기업과 기업 간 B2B~Business to Business~ 플랫폼인 알리바바닷컴(alibaba.com)으로 해외에 많이 알려졌다. 그렇지만 기업과 개인 간 B2C~Business to Customer~ 플랫폼인 티몰과 개인과 개인 간 C2C~Customer to Customer~ 플랫폼인 타오바오淘宝를 보유하고 있고, 이 두 플랫폼을 통해서 중국 온라인의 절대 강자가 됐다. 중국에 오면 필수적으로 사용하게 되는 앱이 타오바오로, 대표적인 C2C 거래 플랫폼이다. 주로 중소기업이나 개인들의 상품이 저렴한 가격에 올라온다. 누구나 셀러~seller~가 돼서 상품을 올리고 판매할 수 있다. 티몰은 주로 유명 브랜드 제품을 파는 B2C 플랫폼으로, 가격은 좀 비싸지만 훨씬 신뢰할 수 있고 품질도 좋다. 일반인은 잘 모를 수 있으나, 도소매상 간의 거래를 위한 플랫폼으로는 중국 국내용인 1688닷컴(www.1688.com)과 글로벌용인 알리바바닷컴이 있다. 그 외에 해외직구를 위한 알리익스프레스닷컴(www.aliexpress.com), 알리바바 전자상거래 내 프로모션을 위한 사이트인 쥐화쏸聚划算 등이 있다.

다음 그림은 알리바바 전자상거래 사이트를 이해하기 쉽도록 도식화한 것이다.

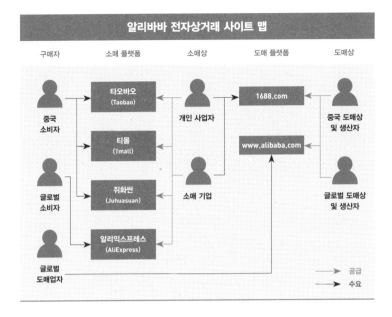

**알리바바 전자상거래 사이트 맵**

| 구매자 | 소매 플랫폼 | 소매상 | 도매 플랫폼 | 도매상 |

타오바오 (Taobao)
티몰 (Tmall)
쥐화싼 (Juhuasuan)
알리익스프레스 (AliExpress)

1688.com
www.alibaba.com

중국 소비자
글로벌 소비자
글로벌 도매업자

개인 사업자
소매 기업

중국 도매상 및 생산자
글로벌 도매상 및 생산자

→ 공급
➔ 수요

알리바바는 재고를 보유하지 않고 판매자와 구매자 간의 거래를 촉진하는 플랫폼이다. 거래 시 약간의 수수료를 받기도 하지만, 주요 수입원은 광고다. 또한 물류 인프라나 자동화에 그리 많은 투자를 하지 않는다. 알리바바의 물류 자회사인 차이냐오菜鸟도 물류 플랫폼이다.

그럼 아마존은 어떨까? 아마존은 제3자 거래상으로부터 직접 매입하여 소비자에게 팔기도 한다. 아마존의 목표는 자사 플랫폼에 들어오지 않는 경쟁 업체는 지쳐서 나가떨어지게 하는 것이다.

2014년 알리바바 상장 첫 거래일 당시 주가는 93,89달러로 시가총액은 2,314억 달러였다. 아마존의 주가는 250억 달러로 시가총액은 1,504억 달러였으나 2015년 7월 아마존의 시가총액이 알리바바를 역전했다. 2017년 10월 알리바바가 시가총액으로 잠시 역전하기도 했으나 지금은 아마존이 훨씬 앞서 나가고 있다. 이는 아마존이 AWSAmazon Web Service를 성공시키면서 수익이 급증했기 때문이다.

하지만 알리바바는 자회사인 알리페이나 알리바바클라우드Alibaba Cloud가 아직 상장을 하지 않았기 때문에 길게 보면 또다시 역전할 수 있을 거라 생각한다. 알리바바는 거대한 생태계를 바탕으로 방대한 데이터를 축적하고 있고, 이런 데이터가 앞으로 엄청난 자산이 될 것이다. 알리바바의 또 다른 동력은 국민들로부터 존경과 칭찬을 받는다는 것이다. 마윈의 성공 스토리를 비롯해 사회의 공익을 생각하는 비즈니스 모델은 중국인들의 자랑이 되고 있기 때문이다.

# 기업은 무엇을 위해
# 존재하는가

기업이 지향하는 바는 비즈니스를 통해 이윤을 창출하고 비즈니스의 영속성을 유지하는 것이다. 이는 자본주의적인 관점이다. 이와 더불어 현재는 사회주의적인 관점에서 사회에 영향을 미치는 주체로서 기업의 사회적 책임과 가치가 더욱 강조되고 있다. 알리바바가 여타 기업과 다른 점은 승자독식의 이윤 추구보다는 협업과 상생의 열린 비즈니스 생태계를 지향한다는 것이다. 그래서 마윈은 알리바바가 전자상거래 회사가 아니라 중소기업들이 전자상거래를 할 수 있도록 도와주는 회사라고 공공연히 이야기한다.

많은 사람이 알리바바는 '중국의 아마존'이고 아마존은 '미국의 알리바바'라고 본다. 그런데 이 두 회사는 전자상거래 회사라는 공통점이 있지만, 사업을 바라보는 관점과 지향점이 상당히 다르다. 알리바바의 지향점을 글로벌 라이벌인 아마존과 비교하여 살펴보자.

알리바바는 데이터이즘dataism◆을 지향하는 열린 생태계 플랫폼이다. 마윈은 "향후 사회의 에너지는 석유와 같은 화석연료가 아닌 데이터다"●라면서 데이터가 물, 전기, 석유와 같은 공공자원이 될 것이라 했다. 알리바바는 중국에서 전자상거래 플랫폼, 지급결제 플랫폼, 제휴 서비스 등을 통해 적극적으로 데이터를 수집하여 고객들의 성향을 파악함으로써 제품과 서비스를 추천하고 제공하는 비즈니스 생태계를 구축해놓았고, 제휴 및 M&A를 통해 그 생태계를 더 확장하고 있다. 그리고 잠재적인 비즈니스 파트너들이 알리바바의 플랫폼으로 들어와서 이 데이터들과 같이 성장하기를 바라고 있다.

즉 알리바바는 다른 기업들에게 데이터이즘을 전파하면서 알리바바의 세계관 내에서 깨달음을 얻어 사업 성공을 일궈내도록 돕고자 한다. 일단 기회는 주었고 깨달음을 얻는 것은 각자의 몫이지만, 알리바바는 많은 기업이 데이터이즘을 통해 깨달음을 얻기를 바라고 있다. 알리바바는 홈페이지에서도 자사가 비즈니스 생태계를 구축하여 사람들이 이 생태계 안에서 만나고, 일하고, 생활할 수 있게 하는 것이 비전임을 명확히 밝히고 있다. 데이터를 기반으로

---

◆ 유발 하라리, 《호모데우스》, p. 503
● 마윈·알리바바그룹 엮음, 최지희 옮김, 《마윈, 내가 본 미래》, p. 35

초超연결을 통한 제휴 생태계를 구축하고 싶어 하는 것이다.

반면 알리바바의 글로벌 라이벌인 아마존은 일명 '커스터머이즘customerism'을 지향하는 폐쇄적인 생태계 플랫폼이다. 나는 커스터머이즘을 '고객의 무한 만족을 목표로 하는 고객집착customer-obsessed형 이념'으로 정의한다. 아마존은 고객을 1순위로 놓고 고객에 집착하면서 모두 자사의 통제 아래 두려는 생태계를 구축하고 있다. 창업자인 제프 베이조스가 강조하는 핵심 가치는 아마존이 세상에서 가장 '고객집착'적인 회사라는 것이다. 고객에 집착하다 보니 고객들이 원하는 것을 모두 제공해야 했고, 최저의 가격·서비스·편의

| 아마존 vs. 알리바바 | | |
|---|---|---|
| 분야 | 아마존 | 알리바바 |
| 온라인 리테일 | 홀푸드 | 허마시엔셩 |
| 유통 | 아마존 로지스틱스 | 차이냐오 물류 |
| 동영상 스트리밍 | 아마존 비디오 | 유쿠 |
| 영화 | 아마존 스튜디오 | 알리바바픽처스 |
| 음악 스트리밍 | 아마존 뮤직 | 알리바바뮤직 |
| 가상결제 | 아마존 페이 | 알리페이 |
| 사내 메신저 | 아마존 차임 | 딩딩(알리바바 딩톡) |
| 클라우드 | 아마존 웹 서비스(AWS) | 알리바바클라우드 |

제국과도 같은 폐쇄성을 보여주는 아마존과 열린 생태계를 지향하는 알리바바의 경쟁은 앞으로 더욱 치열해질 것이다.

를 제공해야 했다. 아마존은 스스로 매입한 제품을 판매하는 리테일(소매) 서비스 외에도 상품의 선택폭을 늘리기 위해 판매자와 구매자를 연결해주는 '글로벌 셀링'이라는 오픈마켓플레이스 서비스도 운영하고 있다. 이때 아마존은 자사의 플랫폼에 들어오는 공급자들에게 FBAFulfillment By Amazon◆ 서비스를 이용하게 하여 주문 처리, 재고 운영, 물류 등 모든 부분에서 자사가 구축한 시스템을 활용하게 하여 아마존의 서비스 수준을 맞추도록 유도한다. 고객만족을 위해 아마존 생태계에 들어오는 모두를 자사 통제력하에 두려는 것이다. 비즈니스 파트너들에게 상당한 자율권을 부여하는 알리바바와의 차이점이다.

아마존이 고객에게 제품을 최저가로 제공하면서 오프라인 서점들이 사라져갔고, 완구 유통의 일인자였던 토이저러스가 무너졌다. 2017년에는 식품 유통 체인인 홀푸드를 인수했는데, 당시 미국 유통 업계의 주가가 출렁이면서 일순간 유통 시장이 긴장감에 휩싸이기도 했다. 아마존의 커스터머이즘을 신봉하지 않으면 이교도 취급을 받으면서 경쟁력이 약화되는 현상이 나타나고 있다. 마윈은 이를 일컬어 "아마존은 제국과 같다"라고 표현하기도 했다. 아

---

◆ 아마존이 일정액의 수수료를 받고 판매자의 제품을 자사 창고에 보관하고 고객의 주문에 따라 포장 및 발송을 해주는 서비스.

**알리바바 생태계**

생태계 구성

웨이보
(소셜 네트워크)

가오더지도
(위치기반 서비스)

딩딩
(오피스용 애플리케이션)

오픈마켓

UC 브라우저
(모바일 브라우저)

알리마마
(마케팅)

타오바오

알리익스프레스

유쿠
(디지털
엔터테인먼트)

티몰

알리바바닷컴

쥐화쌴
(프로모션)

1688.com

앤트파이낸셜
(금융 및 결제)

위안
판매자 ← → 구매자
달러

차이나오
(물류)

페이주
(여행)

라자다
(동남아 가상결제)

온라인 & 모바일 커머스 플랫폼

기술 ──────── 데이터 ──────── 팀

클라우드 컴퓨팅
**알리바바클라우드**

운영체제
**유노스**

출처: 알리바바 그룹

마존이 모두를 자신의 제국으로 편입해 가장 경쟁력 있는 제품 및 서비스를 제공하고 있다는 것이다.

끊임없는 고객집착을 하다 보니 아마존에는 고객 데이터가 쌓이게 됐고, 이 데이터를 활용하여 보다 좋은 서비스를 끊임없이 개발하게 됐으며, 이를 통해 아마존만의 플랫폼이 형성됐다. 현재 아마존은 제품을 판매하는 전자상거래 플랫폼 외에 알리바바처럼 영상(아마존 프라임 비디오), 음악(아마존 MP3) 등 엔터테인먼트 서비스까지 제공하고 있다. 그리고 현재 1억 명이 가입해 있는 아마존 프라임 멤버십을 통해 안정된 고객 기반, 즉 충성스러운 신도들을 확보하고 있다. 아마존은 "커스터머이즘에 집착하는 우리를 믿습니까?"라고 끊임없이 외치고 있다.

이처럼 각자의 지향점은 다르지만, 두 기업 모두 하나의 플랫폼보다는 여러 플랫폼을 연합한 생태계를 구축하고 있다. 다만 알리바바는 열린 생태계, 아마존은 닫힌 생태계를 구축하고 있다는 점에서 확연히 다르다.

그리고 양사 모두 글로벌 비즈니스 영토를 확장하는 데 적극적으로 나서고 있는데 북미·남미·유럽·호주에서는 아마존이, 중국·동남아에서는 알리바바가 우위를 점하고 있다. 그리고 인도 시장에서는 양사가 치열한 한판 승부를 벌이고 있다. 같은 듯 너무나 다른 동양과 서양의 두 강자는 전자상거래 글로벌 시장 또한 동·서양으로 양분할 것이다. 이 중 알리바바는 오픈된 동양 철학을 바탕으로 아시아권을 필두로 한 동양에서 선두를 달릴 것이다.

# 중국의 사업자만 가능한
# 또 한 가지 역량

알리바바는 중국에서 공산당 정부의 전폭적인 지원을 받고 있으며, 알리바바는 정부와 긴장감을 유지하면서도 지지를 보내고 있다. 2017년 4월 중국 정부가 제2의 행정수도라 할 수 있는 슝안신구雄安新区 개발 계획을 발표했다. 슝안은 베이징 근교의 신도시로 슝안신구개발위원회는 같은 해 11월 알리바바와 스마트시티 구현과 관련한 협약을 체결했다. 도시 개발에 알리바바의 기술을 활용하기로 한 것인데, 한마디로 슝안신구의 모든 데이터를 알리바바에 맡겨서 관리를 시키겠다는 이야기다.

정부는 빅데이터를 통해 높은 수준의 도시 서비스 및 편의를 제공하겠지만, 이와 동시에 각 개인의 데이터를 손에 쥐게 돼 시민들에 대한 고도의 감시 및 통제가 가능해질 것이다. 독일의 정치학자 제바스티안 하일만이 언급한 '디지털 레닌주의'Digital Leninism가 슝안신구에서 최초로 현실화될 것으로 보인다. 레닌주의는 이념으로 무장한 소수 엘리트의 권력 독점을 가리키는 말로, 디지털 레닌주의는 IT와 빅데이터 등 정보 능력과 인공지능과 같은 첨단 기술을 활용해 레닌주의가 가진 한계를 극복할 수 있다는 방안이다.

또한 2017년 11월 중국 정부는 인공지능 4대 플랫폼 계획을 발표하고 알리바바에는 스마트시티, 텐센트에는 헬스케어, 바이두에는 자율주행, 커다쉰페이科达讯飞에는 음성인식 분야를 맡겨 해당 기업이 주도적으로 역할을 하도록 했다. 이처럼 여전히 사회주의 체제, 중앙집권적인 구조를 가진 중국에서는 정부 주도로 정책적인 기업 지원이 이루어지고 있다. 따라서 정부와 밀월관계에 있지 않으면 기업이 사업을 진행하기가 어렵다.

한 예로 2015년 중국 공상총국이 알리바바의 타오바오 플랫폼이 가짜 상품 판매를 용인하고 있다는 백서를 발간하자 주가가 일순간 출렁였으며, 알리바바가 가짜 상품의 집중 단속 및 재발 방지를 약속한 다음에야 주가가 정상화된 바 있다. 중국에서는 기업의 핵심 경쟁력 외에도 정부 리스크를 어떻게 관리할 것인가가 사업 성공에 상당히 중요하다.

마윈은 공산당 또는 권력기구 내 직책을 맡고 있지 않지만, 정부가 주관하는 포럼에는 적극적으로 참여하며 정부와 밀월관계를 꾸준히 유지해왔다. 그러나 2019년 1월, 리커창 중국 총리 주재로 열린 기업인·경제 전문가 좌담회에서 "귀에 거슬릴 수도 있고, 별로 듣기 좋지 않은 말"을 하겠다며 정부를 겨냥했다. 그는 정부가 더욱 강도 높은 감세 정책을 펴고, 자본시장과 금융시스템 개혁에 박차를 가해야 한다며 정부 정책의 미진함을 수위 높게 질책했다. 그러나 리 총리는 "모두 마음을 파고드는 말"이었다며 그의 말을 받아 들였고, 중국 언론은 마윈의 좌담회 발언을 대대적으로 보도했다. 마윈은 정부와 연애는 하되 결혼은 하지 않는다는 관점을 내세우고 있다. 눈치 보지 않는 그의 달콤 살벌한 연애는 여전히 진행 중이다.

반면 나머지 BAT 기업인 텐센트와 바이두는 CEO들이 전국인민정치협상회의(정협) 위원을 맡고 있으며, 중국 최대의 정치 행사인 양회兩會에도 적극적으로 참여하고 있다. 정협은 중국 공산당이 정책을 수립하기 위해 의견을 수렴하는 기구다. 텐센트와 바이두 CEO 외에도 징둥, 넷이즈Netease, 샤오미 등 여러 IT 기업 CEO들이 정협 위원직을 맡고 있으며 정협에서 중국 IT 산업의 발전을 위한 다양한 의견을 제시하고 있다. 이런 상황은 중국 공산당 또한 이들의 의견을 수렴하여 IT 산업을 더 발전시키겠다는 강한 의지를 보여주는 것으로 해석된다.

한편 알리바바의 라이벌인 아마존은 자유시장경제의 비교적 자유로운 경쟁 환경에서 핵심 경쟁력을 지속적으로 강화하며 성장을 이루어왔다. 하지만 아마존이 각 사업 영역에서 경쟁자를 제압

하고 시장 지배력을 강화하면서 현재 미국 정부에서는 반독점법을 적용해야 한다는 이야기가 공공연하게 나오고 있다. 아마존은 손 대는 분야마다 압승을 거두고 있는데, 앞으로는 반독점법의 리스 크를 잘 관리해야 할 것이다.

더 큰 리스크는 현 트럼프 대통령이 아마존에 대해 상당한 반감 을 가지고 있다는 것이다. 트럼프는 "아마존 때문에 세금을 성실히 내는 소매점들이 문을 닫고 있다. 여타 기업과 달리 아마존은 정부 에 세금을 거의 내지 않는다"라면서 아마존 때리기에 열을 올리고 있다. 이에 대해서는 트럼프에게 비판적인 〈워싱턴포스트〉의 사주 가 아마존 CEO 제프 베이조스이기 때문이라는 분석도 있다. 어쨌 든 아마존이 이런 정치적 환경을 잘 헤쳐나가야 한다는 것만은 분 명하다. 대통령이 되기 전인 2015년에 트럼프가 '아마존은 수익도 제대로 내지 않는 회사'라고 비난하자, 제프 베이조스는 '블루오리 진Blue Origin(아마존의 우주 기업) 로켓에 트럼프의 자리를 예약해놓겠 다'고 맞받아치기도 했다. 정부의 미움을 받으면 각종 고통을 당할 수밖에 없는 중국에서는 상상도 할 수 없는 모습이다.

알리바바의 2017년 연차보고서를 보면 기업 리스크 요소의 나열 이 자그마치 53페이지에 달한다(참고로 아마존의 연차보고서 중 리스크 요소의 나열은 9페이지 정도다). 중요한 내용은 알리바바가 인터넷 통 신 기업으로서 필요한 중국 내 라이선스를 가지고 있으며, 현재는 공산당 정부와 우호적인 관계를 유지하며 사업 생태계를 구축하고 있지만 정부의 규정이 변화할 경우 인터넷 사업의 핵심인 라이선스 취소 리스크가 있다는 것이다.

사실 알리바바는 케이맨제도에 본사를 둔 외국 기업으로 인터넷 관련 라이선스는 마윈 및 핵심 멤버들 개인이 대표로 있는 순수 중국 법인체들이 가지고 있다(중국은 외국 기업에 이런 라이선스를 내주지 않는다). 물론 그 법인체들이 알리바바와 배타적인 독점 계약을 맺고 있지만, 핵심 사업 허가를 개인들의 영향력하에 두었다는 점에서 심각한 리스크 요인일 수밖에 없다. 또한 알리바바 생태계가 알리페이의 지급결제 시스템에 근간을 두고 있기 때문에 만약 지급결제 서비스가 규제나 제한을 받는다면 전체 사업이 심각한 영향을 받을 수 있다는 점도 밝히고 있다.

그 밖에 알리바바가 2018년 2월 알리페이의 모기업인 앤트파이낸셜 지분의 33%를 인수한다고 발표하고 행정절차를 추진 중이지만 정부의 심의 과정 중 인수 절차가 완료되지 않을 수도 있고, 앞으로 앤트파이낸셜의 상장IPO 시 주주 혜택을 받지 못할 수도 있다고 밝히고 있다. 이 모든 것이 중국에서의 사업은 중국 공산당 정부의 의지에 따라 한순간에 무너질 수도, 기업가치가 심각하게 훼손될 수도 있다는 사실을 알려준다.

중국 정부는 전에 겪어보지 못했던 새로운 비즈니스가 출현했을 때(이를테면 모바일 지급결제 시스템과 디디추싱과 같은 차량공유 서비스), 이를 규제하기보다는 일단 허용하면서 해당 사업이 성장할 수 있도록 내버려 둔다. 규제를 가하더라도 네거티브 규제다. '이것은 해선 안 된다'라고 규정한 것 외에는 다 할 수 있다는 뜻이다. 여기에서 중국 정부의 자신감이 엿보인다. 중국 정부는 사회주의 체제의 통제력을 바탕으로 마음만 먹으면 해당 분야를 통제할 수 있다고 생각하기에 이런 대응이 가능한 것이다. 한국이었다면 다양한 이해관계자들, 예컨대 지급결제라면 기존 은행 및 신용카드사들, 차량공유 서비스라면 택시 업계가 있어 쉽게 네거티브 규제를 할 수가 없다.

신규 비즈니스에 대한 중국 정부의 이런 관대한 태도로 알리바바를 비롯한 신흥 IT 기업들이 새로운 생태계를 구축하고 새로운 도전을 할 수 있었다. 우리 정부도 이런 중국 정부의 정책을 벤치마킹할 필요가 있다.

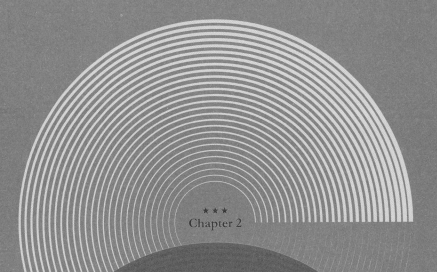

# Chapter 2

# 알리바바의
# 4차 산업

★ ★ ★

# 중국인의 자부심,
# 알리바바

상하이에 사는 양판 씨의 하루를 보자.

양판 씨는 아침에 눈을 뜨면서부터 잠자리에 들 때까지 알리바바 생태계에서 생활한다. 아침에 일어날 시간이 되면 알리바바 인공지능 스피커인 티몰지니가 알람을 울리고 음악을 틀어준다. 출근할 땐 알리페이로 결제하고 지하철을 이용한다. 사무실에 도착해서 스타벅스 커피를 주문하니 어러머 배송원이 사무실까지 커피를 배달해준다. 업무가 시작되면서는 딩딩(업무용 메신저)을 이용해서 회의를 하고 동료들과 업무 관련 정보를 공유한다.

점심시간이 되어 주변 식당에 갔더니 사람들이 많다. 잠시 대기하면서 유쿠優酷 동영상 사이트를 열어 드라마를 보거나 샤미蝦米 뮤직을 열어 음악을 듣는다. 영상을 보는 중간에 사고 싶었던 상품의 광고가 나오자 클릭해서 타오바오에 접속한다. 바로 구매하고 알리페이로 결제하니 배송정보가 뜬다. 퇴근 후 친구를 만나러 가오더지도高德地图를 열고 목적지까지 간다. 친구와 영화나 볼까 하고 타오퍄오퍄오淘票票에서 영화표를 예매한다. 영화 시작 시간이 빠듯해서 알리페이를 이용해 오포 공유자전거를 타고 극장으로 간다.

영화를 보고 집에 오는 길에 반찬이 떨어졌다는 걸 알고 허마시엔성盒马鲜生 앱을 열어 고기와 해산물을 주문한다. 집에 도착하고 30분 만에 허마 배달원이 벨을 누른다. 간단히 요리를 해 먹고 낮에 산 물건이 언제 오는지 확인했더니 내일 오후에 도착한다고 한다. 오늘 재미있는 소식이 있는지 웨이보微博를 열어 둘러보다가 잠이 든다.

이처럼 중국인들은 이미 하루 중 많은 시간을 알리바바 생태계에서 생활하고 있다. 중국 대표 IT 기업인 BAT 중에서 특히 알리바바를 이해하는 것이 중요한 이유는 소매·자동차·IT·문화·물류 등 각 산업의 공급망에 영향을 미치기 때문이다. 중국 정부 입장에서 볼 때도 텐센트나 바이두보다 알리바바가 중국 경제에 미치는 영향이 훨씬 더 중요하다. 알리바바가 중국인들로부터 존경받는 것은 돈을 많이 벌어서이기도 하지만, 중국 경제 전반의 혁신을 이끌고 생활 수준을 업그레이드하기 때문이다. 중국인들에게는 알리

알리페이 QR코드를 태그하기만 하면 편리하게 지하철을 탈 수 있다.

신선 식재료를 편리하게 구입할 수 있는
허마 앱.

바바가 중국을 대표하는 자존심인 것이다. 2018년 가장 존경받는 CEO로 알리바바의 장융이 텐센트 마화텅을 제치고 1위로 선정됐다. 중국인들이 알리바바에 대해 얼마나 자부심을 가지고 있는지 보여주는 단면이다.

알리바바는 중국 내 여타 기업과 달리 파트너십에 의한 지배구조를 가지고 있어서 CEO가 독단적으로 경영하는 위험을 피할 수 있다. 앞서 말했듯 2018년 9월 마윈은 쉰네 살의 비교적 이른 나이에 알리바바 회장 자리에서 은퇴를 예고하고, 후임자로 장융을 지명했다.

그렇다면 알리바바가 어떤 목표를 가지고, 어떤 분야를 핵심 비

**2036년 알리바바의 목표**

| 총거래액 기준 | | 연간 실제 이용자 수 | |
|---|---|---|---|
| 2017년 | 2020년 | 2017년 | 2020년 |
| 5,470억 달러 ····▶ | 1조 달러 | 중국 시장 4.54억 명<br>기타 시장 0.83억 명 ····▶ | 20억 명 |

알리바바는 2036년까지 20억 명의 소비자를 대상으로 세계 5대 경제 주체가 되겠다는 원대한 목표를 세웠다.

출처: Investor Day 2017

즈니스로 사업을 하는지 알아보자. 알리바바는 2036년까지 20억 명의 소비자와 1,000만 명의 중소기업에 서비스를 제공하는 세계 5대 경제 주체가 되겠다고 선언했다. 알리바바가 세계 5대 경제 주체가 되려면 총거래액GMV, Gross Merchandise Volume이 미국, 중국, 인도, 일본, 독일 뒤를 잇는 프랑스와 영국의 GDP를 뛰어넘어야 한다. 알리바바의 GMV는 이미 아르헨티나의 GDP인 4,754억 달러와 맞먹는 수준인데, 하나의 기업이 세계 선진국의 GDP를 뛰어넘겠다니 정말 원대한 포부다.

이를 위해서 알리바바는 단순 전자상거래 회사가 아닌 데이터 기술data technology 회사가 되겠다고 선언한 바 있다. 전자상거래를 핵심 축으로 하면서 물류·금융·엔터테인먼트 산업의 데이터를 클라우드컴퓨터에 축적하고, 인공지능을 통해 더 고도화된 서비스를 제공하여 사회의 혁신을 이끌겠다는 비전이다.

# 알리바바의
# 경제 생태계

알리바바 하면 누구나 타오바오, 티몰을 비롯한 전자상거래와 이를 뒷받침하는 결제 시스템과 물류 플랫폼을 떠올린다. 실제로 알리바바의 매출과 이익 대부분이 여기서 나오고 있기도 하다. 상품을 직매입하는 아마존과 달리, 상거래 중개 플랫폼 역할을 하면서 광고로 수익을 내는 구조다.

그중에서도 빼놓을 수 없는 것이 결제 시스템인 알리페이다. 신용카드 사용자가 미미한 상황(중국의 신용카드 보급률은 16%로 한국의 90%에 비해 절대적으로 낮다)에서 판매자와 구매자가 안전하게 거래할 수 있도록 에스크로 시스템을 적용한 것이 성공의 비결이다. 에스크로란 상거래 시에 소비자가 지급한 물품 대금을 판매자와 구매자 사이에 신뢰할 수 있는 중립적인 제3자(은행 등 공신력 있는 자)가 중개하여 맡아 가지고 있다가, 배송이 정상적으로 완료되면 판매자 계좌로 입금하는 제도다. 지금은 중국 어디를 가더라도 볼 수 있을 만큼 가장 많은 사용자를 확보한 전자결제 시스템이다.

예를 들어 타오바오에서 물건을 구매하면 2~3일 내에 도착한다. 보통 위안퉁익스프레스圓通快递나 중퉁中通과 같은 택배 회사를 통해서 배송돼 아파트 단지 내 택배함에 보관된다. 알리바바는 직접 물류업을 하지는 않지만, 차이냐오 물류 플랫폼을 통해서 물류 데이터를 통제하고 물류사에 지시를 내린다.

상거래에서 제일 중요한 자원은 무엇일까? 상품정보, 거래정보, 물류정보, 고객정보, 신용정보 등 '데이터'다. 마윈은 "알리바바는 단순 전자상거래 회사가 아니라 데이터 기술 회사다"라고 정의했다. 미래의 자원은 데이터이므로 이 데이터를 기반으로 중국·인도·동남아를 비롯한 20억 명의 사용자에게 서비스를 제공하고, 알리바바의 경제 생태계를 통해 부를 창출하겠다는 것이다. 알리바바가 추진하는 신유통, 클라우드컴퓨팅, 비디오 스트리밍, 인공지능, 사물인터넷 등 모든 신사업과도 전략적인 방향이 일치한다. 아직 상장은 되지 않았지만, 알리페이를 보유한 앤트파이낸셜은 글로벌 1위 유니콘 기업이고 알리바바클라우드는 글로벌 3위의 클라우드컴퓨팅 회사다. 차이냐오 역시 중국 최대의 물류 플랫폼 회사다.

최근 중국에서는 알리바바를 필두로 온라인과 오프라인 거래를 통합히고, 결제 플랫폼과 물류까지 통합히는 리테일 혁명이 진행 중이다. 이는 단순히 온라인 시장의 성장이 둔화되니 오프라인으

# 알리바바 디지털 이코노미

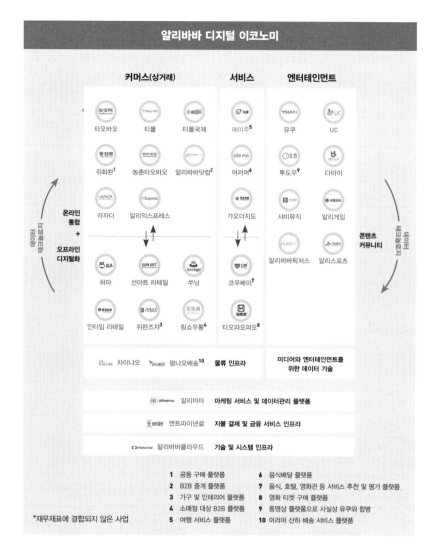

**커머스(상거래)** / **서비스** / **엔터테인먼트**

| 커머스(상거래) | | | 서비스 | 엔터테인먼트 | |
|---|---|---|---|---|---|
| 타오바오 | 티몰 | 티몰국제 | 페이주[5] | 유쿠 | UC |
| 쥐화솬[1] | 농촌타오바오 | 알리바바닷컴[2] | 어러머[6] | 투도우[9] | 다마이 |
| 라자다 | 알리익스프레스 | | 가오더지도 | 샤미뮤직 | 알리게임 |
| 허마 | 선아트 리테일 | 쑤닝 | 코우베이[7] | 알리바바픽처스 | 알리스포츠 |
| 인타임 리테일 | 쥐란즈자[3] | 링쇼우퉁[4] | 타오파오파오[8] | | |

온라인 통합 + 오프라인 디지털화

콘텐츠 커뮤니티

차이냐오 펑냐오배송[10] **물류 인프라**

미디어와 엔터테인먼트를 위한 데이터 기술

알리마마 **마케팅 서비스 및 데이터관리 플랫폼**

앤트파이낸셜 **지불 결제 및 금융 서비스 인프라**

알리바바클라우드 **기술 및 시스템 인프라**

| | | |
|---|---|---|
| 1 공동 구매 플랫폼 | 6 음식배달 플랫폼 | |
| 2 B2B 중계 플랫폼 | 7 음식, 호텔, 영화관 등 서비스 추천 및 평가 플랫폼 | |
| 3 가구 및 인테리어 플랫폼 | 8 영화 티켓 구매 플랫폼 | |
| 4 소매점 대상 B2B 플랫폼 | 9 동영상 플랫폼으로 사실상 유쿠와 합병 | |
| 5 여행 서비스 플랫폼 | 10 어러머 산하 배송 서비스 플랫폼 | |

*재무재표에 결합되지 않은 사업

알리바바의 생태계는 금융, 물류, 엔터테인먼트 등 데이터 기술을 이용하여 가치를 증가시키는 것이다.

출처: Investor Day 2018

로 영역을 확대하는 것이 아니라, 알리바바가 가진 모든 역량을 쏟아부어서 데이터를 확보하고 인공지능이나 사물인터넷 기반의 미래 산업으로 진출하고자 하는 의지라고 본다.

2018년 CES<sub>Consumer Electrics Show</sub> 아시아 박람회에서 선보인 티몰지니 인공지능 스피커는 블루투스로 간단히 전자 기기와 연결할 수 있고, 음성으로 컨트롤할 수 있다. 아마존의 인공지능 스피커 알렉사와 비슷하다고 보면 된다. 미래의 패권은 누가 먼저 인공지능·빅데이터·클라우드컴퓨팅을 장악하느냐에 달려 있다. 알리바바는 중국에서 단연 선두이며 이 분야에서 아마존, 구글과 같은 글로벌 플레이어와 경쟁하게 될 것이다.

동종 업계 최대 경쟁 상대인 아마존과 비교해보자. 두 회사는 어떤 특정 산업에서만 서비스하는 것이 아니라 확장이 된다면 어느 산업에도 뛰어들고 있다. 아마존은 이름에서 알 수 있듯이 A부터 Z까지 모든 것을 팔겠다는 것이 목표다. 아마존과 알리바바는 동서양을 대표하여 전자상거래, 클라우드컴퓨팅 등 많은 사업 영역에서 서로 경쟁하고 있다. 궁극적으로는 양사 모두 각 산업에서 모든 데이터를 모으고, 클라우드컴퓨팅 서비스를 통해서 인공지능 알고리듬을 적용하여 데이터를 장악하려는 것이다.

지금까지의 인터넷이 사람과 사람을 연결하는 것이었다면 앞으로는 사람과 사물, 사물과 사물을 연결하는 것이 되리라 보고 IoT

# 월스트리트에서 실시한 '향후 10년 가장 유망한 기업' 예측 결과

출처: CB Insights

플랫폼에서 승자가 되기 위해 필사의 노력을 하고 있는 것이다. 따라서 동종 업종 간의 경쟁보다는 거대 비즈니스 생태계 간의 경쟁으로 봐야만 제대로 이해할 수 있다.

재미있는 것은 과연 이 경쟁에서 누가 이길지 예측해보는 것이다. 마윈이 보유한 알리바바 주식 비중은 7%도 되지 않는다. 그럼 누가 알리바바의 대주주인가? 바로 손정의 회장이다. 손정의 회장이 32%, 야후가 20% 정도를 가지고 있다. 세계에서 4차 산업혁명 분야를 가장 잘 알고 리드하는 사람이 손정의 회장이다. 현재는 아마존이 시가총액 기준으로 2배 정도 앞서나가고 있지만, 중국·동남아·인도·중동을 아울러서 알리바바가 20억 명에게 서비스를 제공한다면 얘기가 달라진다. 2018년 10월 현재 미국과의 무역전쟁으로 알리바바의 시가총액이 30%나 줄었지만, 장기적으로 본다면 1위 탈환은 충분히 가능하리라 생각한다.

알리바바는 하나의 기업이라고 하기에는 너무나 방대한 영역에서 사업을 하고 있다. 이는 아마존도 마찬가지이며, 글로벌 플랫폼 기업이 가지는 사업의 확장성 때문이라고 본다.

두 회사의 핵심 사업을 한번 비교해보자. 두 회사의 핵심 영역은 전자상거래, 물류 시스템, 지급결제 시스템, 클라우드컴퓨팅, 신선식품, 무인편의점, 신문사, 비디오 스트리밍, 인공지능 스피커, IoT 플랫폼 등이다. 전자상거래 분야는 알리바바와 아마존이 각각 중

## 아마존 vs 알리바바 주요 경쟁 영역

| No | 영역 | 알리바바 | 아마존 |
|---|---|---|---|
| 1 | 전자상거래 (이커머스) | 판매자와 구매자 간의 거래 플랫폼<br>− Tabao.com(B2C)<br>− Tmall(B2B)<br>− 1688.com(도매상)<br>− Aliexpress(국가 간 무역) | 직매입 방식<br>− amazon.com<br>− amazonbusiness.com(도매상) |
| 2 | 물류 시스템 | • 차이나오 플랫폼을 통해서 중국의 많은 물류 회사와 협업하고 데이터를 공유함<br>• 알리바바는 직접 물류업을 하지는 않음(반면, 징동은 아마존과 유사함) | • 아마존 풀필먼트 센터(fulfillment center)의 무인화, 자동화에 많은 자본을 투자해 비용 절감<br>• 드론이나 키바와 같은 첨단 기기를 이용해서 배송혁신을 일으킴 |
| 3 | 지급결제 시스템 | • 중국 내 독보적인 1위 점유율(54%)을 가진 알리페이 시스템 보유<br>• 알리페이는 알리바바가 데이터 기반 회사로 성장하는 데 핵심임<br>• 앤트파이낸셜은 알리바바 금융을 담당하고, 현재 글로벌 1위 유니콘 기업으로 시가총액 약 150조임 | • 미국에서 결제 시스템 1위는 페이팔로, 아직 아마존 지급결제 서비스는 점유율이 미미하나, 점차 증가하는 추세임<br>• 인공지능 비서 알렉사를 통해서 결제할 수 있도록 추진 중 |
| 4 | 클라우드 컴퓨팅 | • 알리바바클라우드는 중국 내 1위 클라우드 서비스 업체(글로벌 3위) | • AWS(Amazon Web Service)로 독보적인 글로벌 1위(32%)<br>• MS 애저(MS Azure)가 14%로 2위(2018년 3Q) (출처: 시너지 리서치 그룹) |
| 5 | 신선식품 (오프라인) | • 허마가 대표적인 신선식품 진출 사례임<br>• 허마는 온라인 오프라인 간의 경계를 허물고, 반경 3킬로미터까지 1시간 내 배송함<br>• 다룬파(중국의 이마트)를 통해서도 온·오프라인을 통합하고 1시간 내 배송 추진 | • 2017년 홀푸드를 인수하여 신선식품 시장에 진출<br>• 아마존 프라임 회원에게 2시간 내에 무료 배송 실시 |
| 6 | 무인편의점 | • 타오카페(Tao Café)<br>소비자가 물건을 선택한 후 매장을 나가면 자동 결제됨 | • 아마존고(Amazon Go) 앱을 깔고 스캔한 후 매장에 들어감<br>• 계산대가 따로 없으며 물건을 선택하여 가지고 나가면 자동 결제됨 |
| 7 | 신문사 | • 홍콩 〈사우스차이나 모닝 포스트(SCMP)〉<br>• 마윈이 인수한 이후로 친중국 성향의 기사를 많이 내보냄 | • 〈워싱턴포스트〉 소유(2013년 제프 베이조스가 인수)<br>• 트럼프 정부에 비판적인 기사를 많이 쓰고 있음 |
| 8 | 비디오 스트리밍 | • 유쿠(优酷)는 중국의 3대 비디오 스트리밍 업체로, 알리바바가 2015년에 인수함<br>• 바이두 계열 1위 사업자인 아이치이(爱奇艺) 및 텐센트 계열의 텅쉰스핀(腾讯视频)과 경쟁 중 | • 아마존 프라임 회원(약 119달러/연)을 유치하기 위해서 아마존 프라임 비디오 제공<br>• 1위 넷플릭스와 경쟁 중 |
| 9 | 인공지능 스피커·비서 | • 2017년 인공지능 스피커 티몰지니 출시<br>• 중국에서는 인공지능 스피커 중 1위로, 바이두·샤오미·징동과 경쟁 중 | • 인공지능 알렉사(Alexa) 기반의 스피커 에코를 2017년 CES에서 발표한 이후 다양한 기기에 탑재함<br>• 2018년 CES에서 선보인 구글 어시스턴트와 본격적인 경쟁에 돌입했으며, 격차가 점차 좁혀지고 있음 |
| 10 | IoT 플랫폼 | • 2018년 알리바바의 IoT 플랫폼 알리OS 씽스(AliOS Things) 출시<br>• 알리OS는 알리바바의 자율주행차 OS로도 사용됨<br>• 바이두의 두어OS(DUER OS)와 경쟁 중 | • 아마존 에코를 통해서 스마트홈 등 IoT 시장에서 선두를 달림<br>• LG전자 등과도 협업 중 |

국과 미국에서 1위이고 동남아에서는 알리바바가, 인도에서는 아마존이 우세를 보인다. 클라우드, 인공지능 스피커 분야에서는 아마존이 글로벌 1위로 선두이고 알리바바가 추격하고 있다. 그러나 지급결제 시스템, 신선식품에서는 알리바바가 아마존보다 훨씬 혁신적이고 앞서고 있다. 무인편의점은 양사 모두 아직 초기 단계이고, 신문사나 비디오 스트리밍은 더 많은 사용자를 끌어모으기 위한 수단이다. 앞으로 가장 중요한 IoT 플랫폼은 지금까지 언급한 모든 기술이 결집되는 곳으로, 두 회사의 진정한 승부는 IoT 플랫폼에서 나게 될 것이다.

# 신유통으로 혁신을 일으키는
# 유통 플랫폼

## 알리바바의 신유통

· · ·

최근 중국의 소매 산업은 이전 어느 때보다, 그리고 다른 어떤 나라에서보다 역동적인 변화가 일어나고 있다. 미국에서는 아마존 때문에 백화점·마트를 비롯한 소매 업체들이 공포에 떨고 있는데, 이와 대조적으로 중국의 소매상들은 디지털화하면서 더 활기를 띠는 것 같다. 알리바바가 추진하는 소매 혁명이 온라인과 오프라인의 경계를 점차 무너뜨리고, 빅데이터와 통합하면서 2017년 중국 소매업이 보기 드문 급성장세를 보였다. 특히 알리바바는 IT 기술을 활용하여 오프라인 매장을 업그레이드하는 컨설턴트 역할을 하면서 중국 경제의 긍정적인 변화를 이끌고 있다.

## 중국 유통의 발전 단계

먼저 중국의 유통이 걸어온 길을 살펴보자.

1단계인 2000년부터 2010년까지 약 10년 동안 중국에서는 인터넷을 기반으로 전자상거래가 성장하기 시작했다. 알리바바의 타오바오, 징둥, 당당왕当当网 같은 업체들이 대표적이다.

2단계인 2010~2015년에는 위기의식을 느낀 전통 소매 업체들의 온라인화가 빠르게 진행됐다. 온라인 판매를 통해 신흥 전자상거래 업체와의 경쟁에 돌입하면서 전통 유통 업계도 체질 개선에 나섰다. 가전제품 매장으로 유명한 쑤닝苏宁이 2013년 쑤닝윈상苏宁云商으로 이름을 변경하고 취급 상품을 가전에서 전체 상품으로 확대한 것이 대표적인 사례. 완다그룹, 다룬파大润发 등 전통 소매 유통의 강자들도 온라인 공략에 나섰다. 이때 이미 온라인과 오프라인의 통합을 의미하는 옴니채널이라는 말이 유행했다.

3단계는 2016년 이후로 온라인 업체들의 오프라인 공략이 시작됐다. 즉, 온라인·오프라인·물류·빅데이터가 결합한 '신유통'이라는 새로운 개념이 나타났다. 2016년 10월 항저우 윈치대회云栖大会에서 마윈은 순수 전자상거래 개념이 매우 빨리 사라지고 온라인·오프라인·물류가 결합한 신유통의 시대가 될 것이라고 했다. 그 후로 알리바바는 인타이백화점·바이롄百联·쑤닝·싼장 등의 지분을 인수하면서 오프라인으로 영토를 확장해왔다. 알리바바의 경쟁자인 징둥도 텐센트의 지원을 받고 월마트·용후이슈퍼마켓永輝超市 등과 연합전선을 형성했으며, 최근에는 구글과도 협업하고 있다. 사실상 중국 유통 시장은 알리바바 계열과 텐센트 계열의 전쟁으로 번지고 있다.

## 신유통과 알리페이

신유통이란 무엇일까? 사실 추상적 개념이라 받아들이는 사람마다 정의가 다를 수 있으나, 전통적인 SCM(공급망관리) 방식과 비교해보겠다.

10년 전쯤 정관장 SCM 프로젝트를 할 때엔, 전국에 100여 개의 매장이 있었고 각 매장의 수요 예측을 기반으로 제품을 생산하고 재고를 보충했다. 보통 수요 예측을 할 때는 고객, 제품, 장소 등 세 가지 영역의 정보가 필요하다. 예를 들면 '고객'은 대금 지급 대상이 되는 대리점·백화점·온라인몰 등의 유통채널이 될 수 있고, '제품'은 상품 종류에 따라서 제품군 또는 제품으로 나눌 수 있다. '장소'는 판매가 발생하는 지역으로 '서울 –강남구-역촌역 지점'처럼 계층구조로 나눌 수 있다.

이렇게 고객·제품·장소 그리고 기간까지 고려해 수요 예측을 하려면 데이터가 엄청나기 때문에 시스템을 활용해야만 한다. 물론 기존에도 소비자가 매장에서 물건을 사면 POSPoint of Sales 시스템을 통해서 데이터가 쌓이긴 했지만, 개개인 수준까지 데이터를 분석하여 이를 기반으로 그 소비자가 어떤 제품을 좋아하는지 수요 예측을 하는 것은 불가능했다. 따라서 기업들은 어느 매장에 얼마만큼의 재고를 보유해야 하는지를 고심할 수밖에 없었다.

전통 SCM에서 중요한 것은 수요 예측과 생산 계획에 따라 재고를 최소화하는 것이다. IT 투자 여력이 있는 대기업은 비교적 SCM 역량이 뛰어났으나, 중소기업은 그렇지 못했다. 간단한 문제가 아니기 때문에 실제로 많은 IT 투자를 하고도 성공하기가 쉽지 않다.

그렇다면 신유통에서의 SCM은 어떤 모습이고, 왜 먼저 중국에서 뜨게 됐을까? 2009년부터 휴대전화가 대중화되면서 중국에서는 알리페이나 위챗페이를 사용한 전자결제 시스템이 급속도로 보급되기 시작했다. 이는 고객이 개인 수준으로 바뀌고, 온라인이든 오프라인이든 똑같이 제품을 구매할 수 있게 되며, 장소는 온라인이든 오프라인 매장이든 배송이 가능함을 의미했다. 즉 개인 맞춤형 수요 예측과 마케팅의 시대가 왔고, 개인의 집까지 배송이 필요해졌다는 뜻이다.

중국은 신용카드가 보편화되지 않았기 때문에 알리페이가 더 빠르게 보급됐고, 전자결제 시스템을 통해서 거래된 데이터는 모든 상거래 혁신의 밑거름이 됐다. 대부분 소비자가 휴대전화를 이용하여 상품의 바코드를 스캔하므로 정확한 거래정보가 쌓였다. 이는 소비자가 창고 직원처럼 PDA를 통해서 해당 장소의 물건을 피킹picking하는 것과 같은 효과를 가져왔고, 여기서 쌓이는 정확한 데이터는 SCM을 혁신하는 데 엄청난 기여를 했다. 즉, 누적된 거래 데이터를 기반으로 관심사나 취향에 맞는 개인 맞춤형 광고가 가능해졌다. 신용카드 후진국이었던 것이 오히려 모바일 결제의 급속한 확산을 가져왔다. 중국에서는 매년 11월 11일 광군제에 개인 맞춤형 광고를 내보내는데, 이에 따른 엄청난 양의 주문을 처리할 수 있는 것도 바로 축적된 데이터 덕분이다.

## 알리바바 신유통의 현장

알리바바는 2016년부터 온라인과 오프라인의 통합을 통한 시너지 창출에 주력해왔다. 온라인은 성장이 점차 둔화되고 있었고, 여전히 오프라인이 대부분의 소매 시장을 차지하고 있었기 때문에 오프라인에서 성장의 돌파구를 찾기 시작했다. 허마시엔성이 대표적인 신유통 사례다.

허마는 매장을 찾은 소비자가 스마트폰을 이용해 제품에 붙어 있는 바코드를 스캔한 뒤 알리페이로 결제할 수 있도록 해 온라인과 오프라인의 성공적인 결합을 이뤄냈다. 허마에는 모든 상품에 QR코드가 달려 있다. 따라서 QR코드를 스캔하면 자동으로 온라인 장바구니에 담긴다. 오프라인으로 물건을 집어넣는 속도와 온라인 장바구니를 채워넣는 속도를 앱으로 맞춰볼 수 있는 셈이다. 그럼 계산대에서 물건을 스캔할 필요 없이 바로 결제를 진행할 수 있다. 물론 최종 무인결제기 앞에서 하나씩 스캔할 수도 있다. 최종 결제는 앱으로 하니, 실물을 확인한 후 장바구니에 채워 넣고 그 이후에 결제할 수도 있는 것이다.

허마는 6,000가지 이상의 상품을 취급하는데 현지 신선상품은 당일에만 판매한다는 캐치프레이즈를 내걸고 있다. '3킬로미터 이내의 거리는 30분 이내 배송', '최소 구매 금액 없음'이 원칙이다. 상품을 주문하면 허마 앱에 예상 배송 시간이 기본 30분으로 체크된다. 허마 매장에서 구매 경험을 한 소비자는 그다음부터 앱을 통해서 주문하면 1시간 내에 배송을 받을 수 있다. 필요시 시간을 지정할 수도 있다. 이는 집 근처 허마 매장에서 바로 배송이 되기 때문에 가능한 것이다. 중국은 자전거나 오토바이가 다니는 도로가 잘 정비되어 있어서, 오토바이를 이용한 배송이 한국보다 훨씬 발달해 있다.

소비자 입장에서 허마 매장은 창고와도 같다. 앱을 통해 제품을 확인하고, 납기 걱정 없이 즉시 주문할 수 있다. 허마 입장에서는 개개인에게 최적의 상품을 추천해줄 수 있고, 매장의 제품 재고를 효율적으로 관리할 수 있다. 당연히 운영 효율이 올라가고 생산성이 높아진다. 단위면적당 매출이 일반 슈퍼마켓보다 3~5배 높다.

허마 매장 전경.

가격표에는 항상 QR코드나 바코드가 인쇄되어
있다. 이를 스캔하면 상품이 장바구니에 담긴다.

자동 결제가 가능한 무인기기. 오프라인 쇼핑 시 상품을
바로 담아갈 수 있도록 비닐봉투가 구비되어 있다.

알리페이 QR코드와 30분 내
무료 배송을 강조하는 허마 앱.

머지않아 중국에서는 냉장고에 음식을 많이 보관하지 않아도 되는 날이 올 것 같다.

허마의 성공 경험을 바탕으로 중국 최대 마트인 다룬파에서도 허샤오마盒小马라는 이름으로 온라인과 오프라인을 결합하여 혁신을 하고 있다. 다룬파는 한국의 이마트와 같은 대형 마트다. 허샤오마는 아직 모든 다룬파 마트 내에서 상용화되어 있지는 않은 상태다. 보통 허마시엔성이 없는 지역의 마트를 활용해 틈새시장을 공략하고 있다.

허샤오마가 없는 다룬파 마트에서는 타오바오 앱 내 타오시엔다淘鲜达라는 서브 앱을 활용한다. 온·오프라인에서 물건의 가격이 동일하며, 허마시엔성처럼 3킬로미터까지는 1시간 이내 무료 배송을 제공한다. 물론 오프라인에서 구입해도 같은 조건이다. 이는 마치 타오바오에서 물건을 사면 다룬파가 물건을 배송하는 것 같은 원리인데, 마트가 곧 창고 역할을 하는 것이라고도 볼 수 있다. 진정한 오프라인과 온라인의 결합이라 할 수 있다.

다룬파 마트에서는 '마트가 곧 창고'라는 점에서 착안한 재미있는 풍경을 볼 수 있다. 바로 천장 위로 지나다니는 상품들이다. 온라인 구매 요청을 받거나, 고객이 오프라인 매장에서 상품 앱 결제를 했을 경우 직원이 상품을 바구니에 담아 컨베이어 벨트에 태운다. 상품이 담긴 바구니는 컨베이어 라인을 따라 배송 구역으로 옮

다룬파 마트 전경.

마트 내부에 '왕홍상품방'이라고 쓰인 티몰 캐릭터 POP가
눈에 띈다. 온라인에서 인기를 끈 제품들을 모아놓은 코너다.

## 다룬파 마트 컨베이어 라인

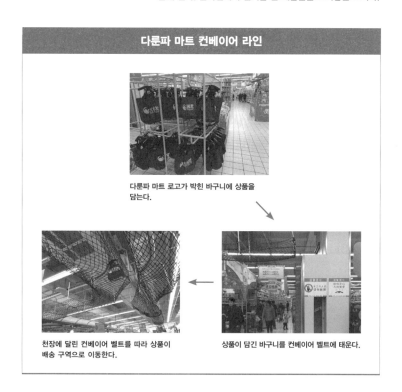

다룬파 마트 로고가 박힌 바구니에 상품을
담는다.

천장에 달린 컨베이어 벨트를 따라 상품이
배송 구역으로 이동한다.

상품이 담긴 바구니를 컨베이어 벨트에 태운다.

겨지고, 포장을 마친 뒤 무료 배송된다. 이 시스템은 허마시엔성에도 똑같이 적용된다. 허마가 먼저 도입했고 이 방식을 다룬파에 입힌 것이다.

알리바바는 신선식품 이외에 가전, 가구, 백화점, 의류 등 기타 오프라인 영역으로도 계속해서 통합작업을 진행 중이다. 알리페이라는 강력한 무기가 있기 때문이다.

이런 신유통의 또 다른 특징은 소비자들이 IT 기술을 바탕으로 전혀 새로운 방식의 '소비 경험'에 빠질 수 있다는 것이다. 소비자들은 기존의 전자상거래에선 느낄 수 없었던 '체험의 즐거움', 전통 유통 매장에선 찾을 수 없었던 '신선함', 그리고 AR·VR이나 안면인식 결제 등 첨단 기술이 가져다주는 '경이로움'을 느끼게 된다. 예를 들어 직원이 없는 편의점, 현금이 필요 없는 모바일 결제, 더나아가 결제 행위 자체가 필요 없는 완전 자동화 쇼핑 등이다.

이렇듯이 알리바바는 이제 온라인과 오프라인의 경계를 넘나들면서 소비자들의 각종 데이터를 모으고 있다. 온라인 부문의 성장이 점차 둔화되는 반면, 오프라인은 아직도 엄청난 성장 가능성을 안고 있기 때문이다. 결국 소비자의 데이터를 더 많이 보유하고 이를 잘 활용하는 플랫폼 사업자가 제조업에도 더 큰 영향을 미치고 최종 승자가 될 것이다.

## 유통 혁신에서 신선식품이 중요한 이유

만약 누군가가 SCM에서 가장 중요한 정보가 무엇이냐고 묻는다면, 실시간으로 발생하는 입출고 데이터라고 답하겠다. 정확한 재고정보와 주문정보가 있어야 판매 계획도 수립하고 생산 계획도 세울 수 있기 때문이다. 창고 현장에서 바코드를 스캔하는 것은 단조롭고 힘든 일이지만, 이 데이터가 쌓이면 엄청난 힘을 갖게 된다. 고객에게 배송하는 일도 마찬가지다. 단순하고 힘든 일이지만, 최종 배송last-mile delivery이 없으면 유통혁신도 힘들다.

알리바바의 신유통이 성공할 수 있었던 이유를 살펴보자.

첫째, 알리바바는 믿고 먹을 수 있는 식품에 대한 사람들의 욕구를 정확하게 포착했다. 중국은 도시화가 진행되면서 중산층의 소비 수준이 빠르게 높아졌고 알리바바는 전자상거래에서 이미 알리페이를 통해 상거래 시 필수인 신뢰를 구축한 상태였다. 중국인들에게 이미 신뢰가 가는 기업인 것이다.

둘째, 중국은 이미 메이투안, 어러머와 같은 음식배달 서비스가 굉장히 발달해 있었다는 점이다. 앱으로 음식을 주문하고, 알리페이나 위챗으로 결제하고, 배송원이 어디에 오고 있는지까지 파악할 수 있다.

셋째, 중국 대도시의 젊은 층은 대부분 차가 없고 필요한 만큼 주문한다는 점이다. 굳이 외출하지 않아도 집에서 신선식품을 받을 수 있어서 20~30대 젊은 층에게는 아주 고마운 서비스다.

앞으로도 신선식품이 중요한 이유는 사람들이 반복적으로 구매하는 상품이기 때문이다. 우유, 고기, 과일 등 늘 먹는 음식은 취향을 타지 않고 거의 대동소이하다. 구매 습관이 한번 굳어지면 계속해서 매출이 발생할 수 있는 구조다. 주문을 받기만 하면 계속해서 고정적인 매출이 발생할 수 있다.

미래에는 이런 개인의 구매 데이터가 엄청나게 누적될 것이다. 인공지능 비서(스피커)에게 말만 하면, 인공지능 비서가 자신이 좋아하는 브랜드의 상품을 주문해서 1~2시간 내에 배송까지 되게 하는 날이 올 것이다. 아니 어쩌면 인공지능 비서가 DNA를 분석해서 건강 상태를 체크해주고, 음식 추천뿐만 아니라 주문까지 해주는 날도 올 수 있을 것이다. 즉 데이터를 가진 자가 승자가 된다는 얘기인데, 알리바바와 아마존 같은 플랫폼 기업은 이미 자신들의 생태계를 착착 만들어가고 있다.

### '한국판 알리바바'를 꿈꾸지 말자

한국에서도 1인 가구나 소가족의 증가로 온라인을 통한 신선식품 구매가 매년 25~35%씩 성장하고 있고, 주요 전자상거래 업체들도 신선식품 사업에 뛰어들었다. 이제 한국에서도 배송 서비스의 향상으로 당일 배송이 가능해졌다. 하지만 한국에서 쿠팡, 위메프,

티몬 같은 업체들이 성공하기는 어려울 것으로 보인다. 쿠팡은 아마존을 벤치마크해서 물류 인프라에 엄청난 투자를 했지만, 규모의 경제를 달성하기가 쉽지 않다. 손정의 회장이 쿠팡에 1조 원이나 투자했을 때 규모의 경제를 달성해서 성공할 것으로 생각했지만, 한국의 유통 대기업은 쉽게 안방을 내주지 않는다. 이미 신세계나 롯데와 같은 거대 유통 업체들이 온라인에 많은 투자를 하고 있기 때문이다.

중국에서는 징둥이 비슷한 사정이다. 아마존을 벤치마크했지만, 막대한 물류 인프라 투자 때문에 이익을 내기가 쉽지 않다. 징둥은 5년 내에 알리바바를 따라잡겠다고 했지만, 2018년 7월 기준 시장점유율은 16%로 알리바바의 58%에 한참 못 미친다.

아마존 역시 전자상거래에서 돈을 버는 것이 아니라 AWS라는 클라우드 서비스로 수익을 낸다는 점을 알아두어야 한다. 신세계의 경우 온라인몰을 강화하고 자체 물류창고와 매장을 전자상거래에 활용한다면, 그것이 바로 알리바바의 허마 매장이 될 수 있다. 알리페이와 같은 결제 시스템은 없지만, 이미 옴니채널 전략을 통하여 온라인-오프라인 정보의 통합작업을 마쳤다.

정용진 부회장이 공약한 5년 후 신세계 온라인 매출은 10조 원에 이른다. 알리바바의 대주주인 손정의 회장은 보다 큰 그림을 그리고 쿠팡에 투자했을 것이다. 우버·디디추싱·그랩Grab 등 차량공유 업체들을 인수해서 전 세계 자율자동차 시장을 선점했듯이, 손정의 회장에게는 한국의 쿠팡도 글로벌 전자상거래 관점에서 보면 그중의 하나일 뿐이다. 알리바바가 쿠팡을 인수해서 상품 카테고리를 한층 강화하고 알리페이 결제 시스템을 심는다면, 판이 바뀔 수도 있다. 개개인에게 맞춤형 마케팅을 하고, 저렴한 가격에 신속 정확한 배송을 한다면 달라질 수 있다.

　우리는 이제 한국적인 마인드를 바꾸어야 한다. 단언컨대, 한국판 아마존 또는 한국판 알리바바는 없을 것이다. 알리바바는 중국의 아마존이 아니다. 완전히 다른 비즈니스 생태계를 갖추고 있다. 마윈 회장은 누군가가 아마존 책을 보라고 권했을 때 쓰레기통에 집어 던졌다고 한다. 우리는 '한국판 무엇'이라고 홍보하고 벤치마킹하는 것을 좋아하지만, 이런 추격자 전략은 더는 통하지 않는다. 새롭고 독창적인 비즈니스 모델로 처음부터 한국이 아니라 중국이나 미국에서 승부를 봐야 진정한 글로벌 기업이 나올 수 있다.

## 중국 전자상거래의 황제 알리바바

• • •

중국에서 생활하기 위해 꼭 필요한 앱은 무엇일까? 단연코 위챗과 타오바오, 알리페이다. 이것이 없으면 일상생활이 안 될 정도로 필수적인 앱이다. 중국이 한국보다 월등히 잘하는 게 무엇이냐고 물어본다면 전자상거래와 전자결제 시스템을 가장 먼저 꼽고 싶다.

중국의 컨설팅 회사 아이리서치에 따르면 2018년 중국 전자상거래 시장 규모는 7조 5,000억 위안(약 1,218조 원)이며, 전년 동기 약 24.2%의 성장세를 보였다. 미국 시장조사기관인 포레스터Forrester 는 2022년 중국의 전자상거래 규모가 미국의 2배에 달할 것으로 보았다. 특히 샤오미와 같은 저가 휴대전화가 보급되면서부터 모바일 전자상거래는 폭발적으로 성장하고 있다.

중국인들은 우리가 생각하는 것보다 훨씬 더 편리한 것을 선호한다. 손가락만으로 원하는 물건을 사고 빠르게 배송받으니 얼마나 편리하겠는가. 온라인으로 물건을 살 때 대화하면서 물어볼 수 있고, 가격도 흥정할 수 있고, 배송 현황을 실시간으로 모니터링할 수 있고, 물건이 도착한 후 확인을 하고 나서 대금을 지급하면 되니 이보다 더 편리할 수가 없다.

알리바바가 1년 중 가장 공을 들이는 광군제(11월 11일)는 2017년의 경우 하루 매출만 27.4조 원에 달했다. 원래 난징대학에서 솔로인 사람들을 위로한다는 다소 장난기 있는 발상에서 시작됐지만, 지금은 남녀노소 구분 없이 이날이 되면 사고 싶은 물건을 점찍어 두었다가 한꺼번에 구매한다.

이날은 마윈 회장을 비롯하여 알리바바 직원들이 생중계를 하면

알리바바 본사 전경.

직원들이 1, 3, 5년 단위로 성장해 진정한 알리바바인이 되어간다는 내용이 담겨 있다.

'마음이 따뜻할수록 정이 깊어진다'를 모토로 진행 중인 사회 공헌 활동들.

5월 10일은 '알리바바의 날'로 임직원들을 위한 교류 행사와 사내 커플의 합동결혼식이 열린다.

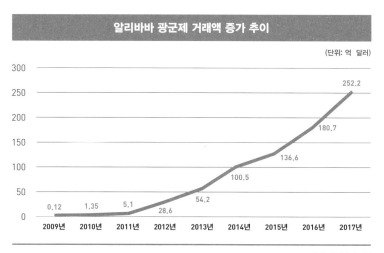

**알리바바 광군제 거래액 증가 추이**

(단위: 억 달러)

- 2009년: 0.12
- 2010년: 1.35
- 2011년: 5.1
- 2012년: 28.6
- 2013년: 54.2
- 2014년: 100.5
- 2015년: 136.6
- 2016년: 180.7
- 2017년: 252.2

출처: 알리바바 그룹

서 마치 하나의 오락 공연처럼 판매를 진행한다. 알리바바의 첨단 기술을 총동원해서 엄청난 주문을 소화하고, 배송이 제때 이뤄지도록 한다. 구매 시 궁금한 것이 있을 때 알리페이의 '나의 고객 서비스我的客服' 메뉴에서 물어보면 인공지능이 답변을 해준다. 만약 이일을 콜센터 직원이 한다면, 폭주하는 질문에 대응하기가 거의 불가능할 것이다. 최근 티몰지니天猫精灵라는 인공지능 스피커가 출시됐으니 머지않아 음성으로도 구매할 수 있게 될 것이다. 광군제 때이렇게 많은 주문을 받아서 적시에 배송하려면 최적의 택배 업체와 출발지를 선택하는 것이 필수다. 이 역시 알리바바가 가진 막강한 빅데이터, 인공지능, 클라우드 시스템이 있기 때문에 가능하다.

이제 광군제는 단순히 중국에서만 벌어지는 할인 판매 행사가 아니라 전 세계적인 쇼핑 축제가 됐다. 마윈 회장은 최근 언론 인터뷰에서 광군제가 별다른 수익을 주지는 않지만, 소비자에게는 즐거움을 주고 알리바바에는 기술력과 조직력을 향상시켜주는 축제라고 말한다. 수십조 원의 거래를 성사시킴으로써 엄청난 데이터를 모으고, 이를 활용하여 세계 최고의 데이터 기술 회사가 되기 위한 역량을 차곡차곡 쌓고 있는 것이다.

## 타오바오와 티몰

• • •

타오바오는 2003년에 출범했고, C2C 형태로 대부분 개인이 운영하고 있다. 미국의 이베이와 비슷하며 판매자와 구매자를 연결해주는 전자상거래 플랫폼이다. 판매자는 중국 은행 계좌와 알리페이를 가지고 있어야 하며, 초기에 1,000위안(약 17만 원)의 보증금만 내면 누구나 쉽게 시작할 수 있다. 도매상들에게 물건을 사서 판매하거나, 제조업자를 대신해서 중개판매를 하는 사람들이 주를 이룬다.

알리바바는 누구나 쉽게 창업할 수 있도록 도와주기 때문에 주변에도 회사를 그만두고 타오바오에서 장사를 하겠다고 하는 사람이 많다. 그런데 지금은 경쟁이 너무 치열해져 수익을 내기가 쉽지는 않다. 얼마 전 항저우 알리바바 본사에 갔을 때 근처 커피숍에서 화장품을 판매하는 사람을 봤다. 개인 방송장비를 갖춰 화장품을 진열해놓고 온라인으로 고객과 실시간으로 대화하면서 판매하고 있었다. 화장품 매장이 아니라 카페라니, 장소에 구애받지 않는 모습이 참 인상적이었다. 중국에는 이렇게 타오바오를 통해서 물건을 파는 셀러들이 셀 수 없이 많다.

타오바오는 가격이 저렴한 반면에 품질에 대해서는 아직 신뢰를 주지 못한다. 타오바오에서 영문 도서를 산 적이 있는데 사진은 원본이었으나, 막상 물건을 받아보니 복사본이어서 값을 흥정해 깎은 적이 있다. 이런 짝퉁 판매 탓에 2015년 중국 공상총국과 마찰을 겪기도 했는데, 지금은 눈에 띄게 개선됐다. 만약 물건을 받아보고 맘에 들지 않으면 환불할 수 있으니 너무 걱정하지 않아도 된다.

반면 티몰은 판매자가 사업자등록증을 가지고 있어야 하고 30만 위안(약 5,000만 원)의 보증금을 내야 오픈할 수 있다. 대부분 브랜드 제품을 취급하므로 신뢰할 만하다. 티몰의 판매자는 기본적으로 중국에서 3년 이상의 판매 경험이 있는 브랜드 기업체다. 티몰에서 아이폰6를 샀는데, 쑤닝물류를 통해 24시간도 안 걸려 배송이 됐다. 역시 티몰은 타오바오보다는 서비스, 품질 모두가 뛰어났다. 중국의 소비 수준이 올라가면서 최근에는 총거래액에서 티몰

타오바오: C2C 모델

티몰: B2C 모델

알리익스프레스: 해외직구

이 타오바오를 앞질렀다. 최근에 가짜 백신 사태로 홍역을 치른 탓인지 중국 소비자들은 특히 먹는 것과 피부에 닿는 것만큼은 신뢰할 만한 브랜드 제품을 찾는다.

그 외에 한국에서 중국 제품을 해외직구로 사고 싶을 때 이용하는 알리익스프레스도 있다. 알리익스프레스는 중국의 일대일로一带一路 정책과 관련된 주변 국가들에서 많이 활용되고 있다. 일대일로는 해상과 육상으로 유럽까지 무역로를 잇는 정책을 말하며 시진핑 정부가 야심 차게 준비하고 있다. 우연인지 몰라도 20억 명에게 서비스를 하겠다는 알리바바의 목표와 무역로가 지나가는 국가들의 총인구는 거의 일치한다.


## 알리바바의 추격자 징둥과 핀둬둬

• • •

중국 전자상거래 하면 빼놓을 수 없는 또 하나의 기업이 징둥상청京东商城이다. '밀크티녀奶茶女'로 알려진 젊고 예쁜 부인을 둔 덕에 더 유명해졌지만, 사실 징둥의 '징'은 전 부인의 이름에서 따온 것이다. 원래는 베이징에서 가전제품을 주로 팔았는데, 신뢰도가 쌓이면서 현재 중국 2위의 전자상거래 업체가 됐다. 징둥은 독립형 온라인 쇼핑몰과 자체 물류 시스템을 운영한다.

공급 업체를 직접 선별해 물품을 구매·조달하고, 배송과 A/S까지 책임지기 때문에 소비자로부터 상당한 신뢰를 얻고 있다. 징둥은 재고를 직매입한다는 점에서 거래 플랫폼인 티몰, 타오바오몰과는 완전히 다르다. 알리바바가 '짝퉁' 문제로 골머리를 앓는 것과 달리 징둥에서는 짝퉁 문제가 덜한 것도 이 때문이다. 이런 문제점을 해결하기 위해서 알리바바도 인공지능을 이용하여 판매자에 대한 고객의 평가를 분석해서 짝퉁 문제를 상당히 개선했다. 징둥그룹 류창둥 회장은 "우리는 단 한 번도 짝퉁을 판매한 적이 없다"라고 자신 있게 말한다.

배송 측면에서도 알리바바는 물류 플랫폼 차이냐오를 통해서 택배 업체에 위탁하는 반면, 징둥은 자체 물류망을 통해 직접 배송한다. 사실 중국은 워낙 땅덩어리가 크기 때문에 물류망을 구축하는 데 엄청난 시간과 비용이 든다. 징둥은 지난 11년 연속 적자 행진을 이어왔으며 누적 적자액만 188억 위안(약 3조 1,000억 원)에 달했다. 지난 2016년에야 10억 위안(약 1,700억 원) 순익을 실현하며 비로소 흑자경영에 성공했다. 물류 운영 효율화를 통해서 12년 만에

창업 초기의 징둥.

징둥의 창업자 류창둥 회장 부부.

징둥의 로고.

거둔 성과다. 아마존이 사업 초창기 자체 물류망을 구축하는 데 어마어마한 비용을 쏟아부으며 8년간 적자를 냈던 것을 연상케 한다.

자체 물류 시스템에 기반한 당일 배송도 징둥의 강점이다. 징둥은 현재 중국 전역에 500개가 넘는 대형 물류창고를 운영하고 있으며, 이 중 100% 자동 무인화를 구현한 스마트 물류창고만 14개에 달한다. 징둥의 전체 물류 인프라 면적은 1,200만 제곱미터가 넘는다. 현재 징둥의 택배 물류망은 중국 전역을 100% 커버하고 있으며, 90% 이상의 지역에 24시간 이내 배송이 가능하다. 징둥의 물류 시스템엔 최첨단 기술도 속속 도입되고 있는데 '사무四無' 기술을 선보인 게 대표적이다. '사무'란 네 가지가 없다는 뜻으로 무인배송차, 무인기, 무인창고, 무인상점을 말한다. 모두 2013년에 만든 징둥그룹 내 'X사업부'에서 연구개발한 것이다.

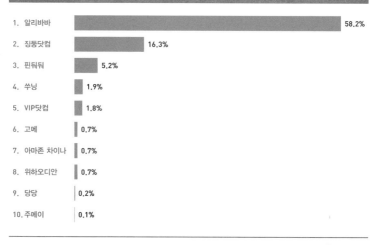

**중국 10대 전자상거래 업체의 시장 점유율**

| 순위 | 업체 | 점유율 |
|---|---|---|
| 1. | 알리바바 | 58.2% |
| 2. | 징둥닷컴 | 16.3% |
| 3. | 핀둬둬 | 5.2% |
| 4. | 쑤닝 | 1.9% |
| 5. | VIP닷컴 | 1.8% |
| 6. | 고메 | 0.7% |
| 7. | 아마존 차이나 | 0.7% |
| 8. | 위하오디안 | 0.7% |
| 9. | 당당 | 0.2% |
| 10. | 주메이 | 0.1% |

출처: 이마케터

　징둥이 이런 자동화와 물류 기술을 바탕으로 전자상거래 분야에서 알리바바를 따라잡을지 지켜보는 것은 매우 흥미로운 일이다. 류창둥 회장이 5년 내에 알리바바를 따라잡겠다고는 했으나, 아직은 알리바바가 시장점유율에서 절대적으로 우세한 상황이다. 알리바바의 차이냐오 플랫폼 역시 물류에 많은 투자를 하고 있고, 전국 1일 내 배송을 목표로 하고 있다. 다만, 중국 전역을 커버하려면 직접 하기보다는 물류 협력사를 통해서 배송하는 것이 효율적이라고 판단하는 것이다. 나는 알리바바의 전략이 중국 현실에 더 잘 맞는다고 본다. 중국은 하나의 국가라기보다는 여러 국가로 형성된 유럽연합에 가깝기 때문이다.

　최근 중국에서 돌풍을 일으키는 또 하나의 전자상거래 업체가 있다. 바로 핀둬둬拼多多다. 이 이름은 '여러 명이 모여서 같이 구매한다'라는 뜻이다. 마윈도 항저우를 기반으로 알리바바를 키웠고, 핀둬둬 창업자인 황정黄峥도 항저우의 저장대학을 졸업하고 이후 구글에서 엔지니어로 일했다. 두 사람에겐 모두 저장상인의 피가 흐르고 있다.

　중국에는 상하이나 베이징 같은 1선 대도시도 있지만 3선, 4선 도시와 농촌 인구도 엄청나다. 핀둬둬는 바로 이런 저소득층의 구

핀둬둬의 황정 회장. 핀둬둬는 알리바바와 징둥을 뒤쫓는 새로운 다크호스로 떠올랐다.

매력을 재발견하고 그들의 눈높이에 맞는 물건을 조달해 팔아서 대박을 터트렸다. 핀둬둬는 배송료 포함 가격이 10위안(약 1,700원) 이하인 제품을 전면에 내세우고 브랜드 구축에 성공했다. 그럼으로써 이미 타오바오와 징둥을 위협하는 강력한 경쟁자로 부상했다. 중국 저소득층의 소비를 끌어냈다는 면에서 매우 영리하다고 하겠다. 현재 중국 전자상거래 업계 종합 1위는 알리바바이지만 저가 상품 위주의 플랫폼 1위는 핀둬둬가 차지하고 있다.

2015년 9월에 설립된 핀둬둬는 중국 최대 SNS인 위챗 기반의 전자상거래 플랫폼이다. 이용자는 가족, 친구 등에게 위챗을 이용하여 상품을 추천해주거나 공동구매 등을 할 수 있다. 핀둬둬는 설립 2년 만인 2017년 가입자 수가 3억 명을 돌파했으며 월 거래액이 이미 400억 위안(약 6조 8,000억 원) 규모에 이른다. 2018년 7월에는 나스닥에 상장까지 하고 중국에서 10위권 안에 드는 인터넷 기업이 됐다. 이렇게 새로운 유니콘 기업과 스타 CEO가 중국에서 나올 때마다 정말 부럽기 그지없다.

# 중국 전자상거래의 특징

중국에서는 타오바오, 징둥, 핀둬둬 외에도 수많은 전자상거래 업체가 생겨났고 정말 치열한 경쟁이 벌어지고 있다. 몇 달만 지나면 새로운 서비스가 나타나고 새로운 연합군이 만들어진다. 최근 중국 전자상거래의 특징 몇 가지를 짚어보자.

중국 젊은 층은 특히 소셜미디어를 통해서 새로운 브랜드를 발견하고 광고를 본다. 동영상을 보다가도 마음에 들면 바로 온라인 구매를 하기도 한다. 그래서 아이치이愛奇艺나 유쿠 같은 비디오 스트리밍 앱뿐만 아니라 콰이쇼우快手나 더우인抖音 같은 짧은 영상 제작 앱이 매우 발달했다. 알리바바가 징둥을 월등히 앞서갈 수 있는 이유는 유쿠나 웨이보를 통해서 마케팅과 광고를 하고, 이것이 곧 전자상거래 업체의 매출로 연결되기 때문이다. 알리바바는 유쿠를 인수해서 동영상을 보는 시청자들에게 광고를 보내고 타오바오에서 구매를 하도록 유도하고 있다.

또 온라인과 오프라인이 매우 빠르게 통합되고 있으며, 전 영역에서 알리바바 계열과 텐센트 계열로 나뉘어 혈투를 벌이고 있다. 양 진영의 경쟁은 전자상거래를 중심으로 동영상, 음식배달, 결제 분야에 이르기까지 전면전으로 치닫고 있다. 그래서인지 다른 어느 나라보다 새로운 서비스와 기술이 빠르게 등장하고 있고, 중국 소비자들도 이런 혜택을 즐기고 있다.

중국의 전자상거래는 하나의 거대한 생태계로 변신하고 있다. 물건을 사는 것뿐만이 아니라 아침에 일어나서 잠들기까지 필요한 모든 서비스를 제공한다. 알리비비는 '88VIP'리는 회원제를 도입히고 계열사를 총동

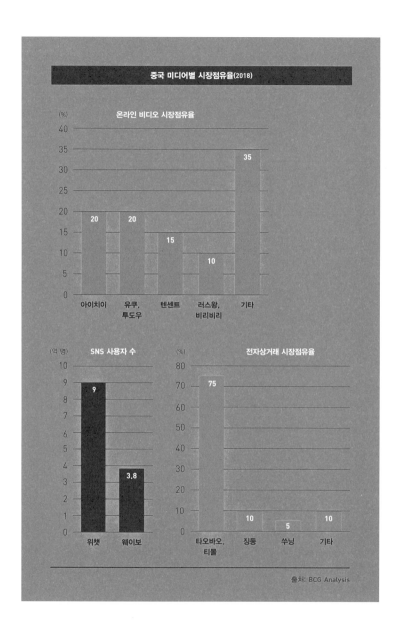

중국 미디어별 시장점유율(2018)

온라인 비디오 시장점유율
(%)

아이치이 20
유쿠, 투도우 20
텐센트 15
러스왕, 비리비리 10
기타 35

SNS 사용자 수
(억 명)

위챗 9
웨이보 3.8

전자상거래 시장점유율
(%)

타오바오, 티몰 75
징둥 10
쑤닝 5
기타 10

출처: BCG Analysis

원하여 상품 구매, 음식배달, 영화 · 오락, 음악, 도서, 입장권 결제 등 생활에 필요한 모든 서비스를 알리바바의 충성 고객들에게 제공하겠다는 계획이다. 아마존 프라임과 마찬가지로, 회원에게는 더욱 차별화된 서비스를 제공하여 고객을 묶어두겠다는 전략이다. 징동도 결제는 텐센트, 동영상은 아이치이와 연합하고 있지만 알리바바만큼의 시너지를 내기는 어려워 보인다.

| 알리바바 vs. 텐센트 계열 간 경쟁 | | |
|---|---|---|
| 분야 | 알리바바 | 텐센트 |
| 전자상거래 | 타오바오 | 징동 |
| | 티엔마오 | 웨이핀훼이 |
| | 쑤닝 | |
| SNS | 웨이보 | 위챗 |
| | QQ | QQ |
| 동영상 | 미아오파이 | 콰이쇼우 |
| | 유쿠투더우 | 메이파이 |
| | 모모 | 비리비리 |
| | 더우인 | 텅쉰스핀 |
| 결제 | 알리페이 | 웨이신즈푸 |
| 음식배달 | 어러머 | 메이투안 |
| | 코우파이 | 다종디엔핑 |
| 공유자전거 | 오포 | 모바이크 |
| | 헬로바이크 | |

출처: 란징재경신문

# 데이터의 가치를 키우는
# 물류 플랫폼

## 차이냐오 물류 플랫폼

• • •

2000년대 초반만 해도 한국에서 물류는 힘들고 단조롭고 월급도 낮은 업종이었다. 하지만 알리바바, 아마존 같은 전자상거래 기업이 출현하고부터 물류에 대한 인식이 달라졌다. 비즈니스의 핵심으로 떠오르기 시작한 것이다.

아마존이 세계의 모든 물류를 한곳에서 처리하는 슈퍼컴퓨터라고 한다면, 차이냐오 네트워크는 모든 물류 회사의 데이터를 한곳에 집합시킨 '물류 데이터 플랫폼'이라고 보면 된다. 마윈은 알리바바를 본질적으로 데이터의 가치를 키우는 기업이라고 정의한 바 있다. 물류 데이터 역시 미래의 중요한 자산으로 보고 있는 것이다. SCM에서 가장 중요한 세 가지는 돈의 흐름, 물류, 정보의 흐름이다. 그런 면에서 알리바바는 알리페이, 차이냐오, 알리바바클라우드를 통해서 모든 정보를 장악하는 기업이 되고자 한다. 마윈이 알리바바의 미래를 통찰하는 전략에 정말 놀라지 않을 수 없다. 이 전략에는 분명히 알리바바를 데이터 기술 회사로 만들어서 사물인터넷 패권을 장악하려는 알리바바의 대주주 손정의 회장의 의중이 담겨 있을 것이다.

"우리는 본질적으로 데이터를 모으고 그 가치를 올리는 회사다."

알리바바는 상품을 직접 매입하지 않고 거래 데이터, 물류 데이터에 집중하고 있다. 즉 고객의 특성, 위치, 앞으로 구매할 가능성 등을 고려하여 상품을 미리 가져다 놓는 전략이다. 차이냐오는 중국 스마트 물류 네트워크 프로젝트를 목적으로 알리바바가 2013년에 설립한 물류 플랫폼이며, 빅데이터를 기반으로 비용과 소요 기간 등을 분석해 판매자에게 최적의 택배사와 택배 기사를 배치하는 서비스를 제공한다.

중국에는 수많은 택배 회사가 있는데, 메이저 택배사들과 글로벌 물류 회사들도 대부분 알리바바와 관계를 맺고 있다. 실제 타오바오몰에서 물건을 사면 순펑택배SF나 '4통1달四通一达'이라고 부르는 5대 택배 업체가 배송을 실행한다. 4통 1달은 STO申通快递, YTO圆通速递, ZTO中通快递, Best Express百世汇通, YUNDA韵达快递를 가리키는

데 차이냐오의 물류 네트워크를 기반으로 배송을 한다. 4통1달 물류사의 물량 중 70%가 알리바바에서 나오기에 알리바바가 이들에게 절대적인 영향력을 행사하고 있다.

중국은 워낙 땅이 넓기 때문에 물류 인프라에 투자하려면 엄청난 자금이 필요하다. 알리바바는 이런 판단하에 두뇌 역할을 할 차이냐오를 만들고, 실제 손발 역할을 하는 물류 회사와 연합하고 있다. SCM의 가장 앞부분인 '주문을 예측하고 접수하는 곳'이 전자상거래 업체이기 때문에 이는 매우 현명한 판단이라고 본다. 최근에는 알리바바도 해외 수입 상품을 중심으로 일부 직접 매입을 하기 시작했다. 데이터를 기반으로 상품기획과 구매발주를 효과적으로 할 수 있기 때문이다. 팔릴 것이 확실하고, 타오바오나 티몰에서 효과적으로 광고할 수 있기 때문에 마진이 매우 높다. 단, 창고 운영이나 운송은 물류 협력사를 통해서 처리한다.

타오바오에서 물건을 구매할 때 주문에서 배송까지의 흐름을 살

| 중국의 대표적인 물류 회사 | | |
|---|---|---|
| 4통1달 | 순평택배(SF) | 차이냐오 물류 플랫폼 |
| sto 申通快递 express ／ 百世快递 BEST EXPRESS ／ YUNDA 韵达快运 ／ ZTO 中通速递 ZTO EXPRESS ／ YT 圆通速递 EXPRESS | SF EXPRESS 顺丰速运 | CAI NIAO 菜鸟 |

펴보자. 알리바바 쇼핑몰인 타오바오와 티몰에서 고객의 주문이
접수되면, 차이냐오 플랫폼에서 택배사별 배송 역량과 지역별 주
문량을 계산한 뒤, 데이터를 분석해서 최적의 창고와 물류 회사를
결정해 각 업체에 할당한다. 해당 물류창고는 출하지시를 받고 창
고에서 물건을 피킹하며, 배송 업체는 표준화된 전자송장과 주소
데이터를 받아 배송 준비를 한다. 소비자는 타오바오 앱으로 물류
상황을 조회할 수 있다.

이 과정은 SCM에서 '주문 이행order fulfillmen'이라고도 하는데 '주문
체결 → 창고/운송 자원 할당 → 최적 경로 선정 → 고객에게 배송
정보 제공'의 과정을 시뮬레이션하고 납기를 알려준다. 예전에 이

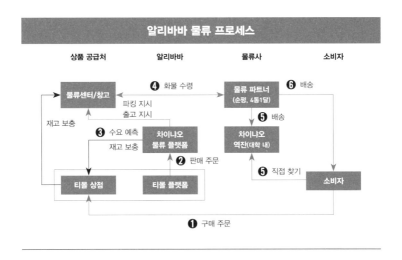

기능은 대기업 위주로 비교적 고가의 제품에 대해서 시행하던 것이었다. 그런데 지금은 각 개인에게까지 이런 납기 약속 기능을 제공하고 있으니, 정말 대단하다고 할 수밖에 없다. 알리바바가 이런 시스템을 갖출 수 있었던 것은 휴대전화를 통해 모든 데이터를 수집했기 때문이다.

차이냐오는 매년 6월 물류 협력사를 초청하여 항저우에서 글로벌 스마트 물류 정상회의를 개최한다. 2018년에는 앞으로 17조 원을 투자해서 중국 내에서는 24시간 내에 배송하고 물류 원가를 GDP 5% 이내로 낮추며, 글로벌에서는 일대일로의 전개와 함께 72시간 내에 배송하겠다는 야심 찬 계획을 발표했다. GDP로 표현한 것은 알리바바만의 물류 관점이 아니라 중국 전체의 물류 관점을 고려한다는 것이다. 2017년 중국의 사회 물류비용은 전체 GDP의 14.6%로 이를 5%까지 낮추겠다는 것은 기업만을 위한 것이 아니라 '우리가 국가적인 문제까지 해결해 보겠습니다'라는 결의다. 게다가 이는 앞으로 20억 명에게 서비스를 하고 세계 5대 경제 주체가 되겠다는 알리바바의 전략과도 일치한다.

## 아마존과 징둥의 물류

• • •

알리바바와 쌍벽을 이루는 글로벌 전자상거래 업체인 아마존, 그리고 징둥의 물류는 어떤 모습일까? 아마존과 징둥은 상품을 매입하기 때문에 물류창고에 많은 돈을 투자하여 자동화를 추진한다. 두 회사는 전자상거래 회사이기도 하지만 물류 기업이기도 하다.

중국 내 2위 전자상거래 업체인 징둥은 공신력 있는 브랜드로 일부 믿을 만한 기업들과 함께 운영하는 다소 폐쇄적인 플랫폼이다. 그런데 그 폐쇄성 때문에 징둥에서 판매하는 물건들에 대한 고객들의 신뢰도는 더 높은 편이다. 중국의 전자상거래에서 판매자의 신뢰도는 여전히 논란의 여지가 많은 부분인데, 징둥과 같은 직영 체제에서는 아무래도 판매자에 대한 신뢰도가 오픈 플랫폼보다 높을 수밖에 없다.

출처: 징둥

직영 물류 시스템을 운영하는 징둥 물류센터와 류창둥 회장.

아마존과 징둥은 고객이 다양한 제품 중에서 최고의 제품을 선택하게 하고, 그것을 가장 빠르게 배송하여 고객만족을 극대화하는 전략을 구사하고 있다. 이는 정확히 최고의 SCM을 추구하는 회사의 목표와 일치한다. 다양한 제품을 유인하기 위해서 콘텐츠를 공급하고, 가장 빠른 배송을 위해서 직접 물류센터를 운영하고 자동화에 많은 투자를 하는 것이다.

징둥은 특히 물류 산업에 대해 강한 자신감을 드러내면서 물류와 공급망 모두 오픈 플랫폼으로 전환하고 있다. 부분적으로는 성공을 거두어 현재 징둥에서 처리하는 물류 중 상당 비율이 징둥 외부에서 들어온 주문이다. 앞으로 3~5년이 지나면 외부 주문이 징둥 자체의 주문량을 넘어설 거라는 예측도 있다. 징둥 또한 직접 물건을 파는 업체에서 오픈 플랫폼으로 변화를 시도하고 있는 셈이다.

이에 대해서 일부 전문가는 징둥이 가진 기본적인 신뢰도와 물류 시스템이 합쳐진다면 긍정적인 효과를 낼 수 있을 것으로 전망한다. 하지만 다른 한편으로는 징둥이 플랫폼인 동시에 물류나 유통·공급 업체들의 경쟁자가 되는 모순적인 상황에 빠질 가능성이 크다는 비판적인 의견도 많다. 알리바바는 늘 플랫폼과 관련 인프라를 제공하고 자신들은 한발 뒤로 빠져 있었는데, 이와 달리 징둥은 물류에서도 판매에서도 적극적인 참여자이자 심판의 역할을 해야 하기 때문이다.

15년 동안 SCM 프로젝트 관련 일을 하면서 가장 인상 깊었던 기업이 아마존과 알리바바다. 지금까지 SCM을 잘한다는 기업은 주로 애플, 삼성전자와 같은 제조업에 속했다. 앞서 말했듯이, SCM에서 가장 중요한 세 가지 정보는 돈의 흐름, 물류, 정보의 흐름이다. 보통 애플, 삼성전자와 같은 기업은 물류 기능은 아웃소싱하고 연구개발, 마케팅과 같은 핵심 역량에 집중했다. 그러나 아마존과 알리바바는 전자상거래 특성상 고객의 주문정보를 처리하는 일부터 결제·배송까지를 모두 해결하는 생태계를 만들고, 그 안에서 고객의 모든 욕구를 만족시키고 있다. 귀찮고 힘들어 보이며 아웃소싱의 대상이었던 물류가 이젠 핵심 역량으로 떠오른 것이다.

# 미래 화물 운송은 어떤 모습일까?

시내를 이동할 때 차량공유 서비스를 이용하듯이 물류 운송에서도 원할 때 호출해서 원하는 곳으로 운송하는 서비스를 생각해볼 수 있다. 중국처럼 넓은 국토에서는 물류에서 운송비가 차지하는 비중이 가장 높다. 그러니 필요한 시간에, 원하는 장소까지, 원하는 트럭을 불러서 운송을 한다면 좋지 않을까?

디디다처滴滴打车와 콰이디다처快的打车가 합병하여 디디추싱이 탄생한 것처럼, 화물 운송에서도 윈만만运满满과 훠처팡货车帮이라는 화물 운송 플랫폼이 합병하여 만방满帮이 탄생했다. 이들은 화물 운송 기사들이 지인을 통해서 알음알음 화주를 찾고 있고, 화주가 있는 곳까지 가는 데 많은 시간을 써야 한다는 것에 착안했다. 현재 만방은 중국 최대의 화물 운송 플랫폼으로 대표적인 유니콘 기업이다. 알리바바, 텐센트, 소프트

출처: 만방그룹

원만만과 훠처팡의 합병으로 탄생한 중국 대표 유니콘 기업 만방그룹.

뱅크, 세쿼이아캐피털 등으로부터 19억 달러의 투자를 받아서 이미 물류 업계의 거물로 성장했다.

화물트럭이 700만 대에 달하는 중국 물류 시장은 성장 가능성도 크다. 운송비가 낮아지는 것은 화주와 플랫폼 사업자 입장에서는 반가우나, 운송 기사 입장에서는 그만큼 마진이 줄어들고 경쟁이 심해진다는 걸 의미한다. 그래서 화물 기사들이 생존권 보장을 위해서 전국적으로 파업을 벌이기도 했다. 이런 상황에서 자본가들은 '화물 기사가 운전하는 것보다 자율주행 트럭을 도입하면 비용을 더 줄일 수 있고, 안전하고 정확하다'라고 생각할 것이다. 실제로 중국의 자율주행 차량을 선도하고 있는 바이두는 자율주행 트럭을 테스트하고 있다.

이처럼 물류는 어느 산업보다 신기술이 빠르게 적용되고 혁신이 일어나는 분야다. 다만, 물류 업계에 종사하는 사람들의 일자리 문제는 사회가 풀어야 할 숙제로 남아 있다.

# O2O 공유경제

. . .

공유경제라고도 부르는 O2O On-line to Off-line 는 오프라인의 부가가치를 온라인으로 빨아들이는 역할을 하고 있다. 숙박공유 플랫폼인 에어비앤비 Airbnb 나 차량공유 플랫폼인 우버 Uber 를 생각하면 쉽게 이해가 갈 것이다.

중국의 O2O 경제는 2013년 휴대전화 시장의 폭발적인 성장과 동시에 성장했다고 보면 된다. 2013년 1분기만 해도 중국 스마트폰 점유율(18.5%) 1위였던 삼성전자가 2018년 점유율 1% 미만으로 떨어질 것이라 생각한 사람은 아무도 없었을 것이다. 이는 2014년부터 샤오미 폰이 가성비를 바탕으로 대중의 인기를 끌기 시작한 때와 일치한다.

중국에서 살면 BAT의 제품을 매일 사용하게 된다. 검색엔진의 바이두, 전자상거래의 알리바바, SNS의 위챗이 대표적이다. 특히 신용카드 보급률이 떨어지는 중국에서 전자결제가 급속도로 보급되면서 스마트폰을 이용한 O2O 시장도 폭발적으로 성장하기 시작했다. O2O가 성장하는 데 핵심이 되는 인프라가 지도와 결제 시스템이다. 지도 앱은 바이두지도百度地图 또는 가오더지도가 경쟁하고, 결제 시스템은 알리페이와 위챗페이가 경쟁하면서 최상급 경쟁력을 보유하고 있다. 단, 알리페이나 위챗페이는 중국 은행 계좌와 연계가 되어야 한다.

인터넷 시대에 시가총액이 가장 높았던 바이두가 모바일 시대에 이르러서는 내리막길을 걸었는데, 이는 결제 플랫폼이 취약해서 O2O에 실패했기 때문이다. 지금은 O2O 영역에서 알리바바와 텐센트가 혈투를 벌이면서 경쟁하고 있다.

중국의 알리바바와 텐센트가 투자한 대표적인 O2O 기업을 살펴보자.

중국에서 손꼽히는 공유경제 업체로는 첫째 맛집평가 및 음식 배달 앱인 메이투안·다종디엔핑·어러머가 있고, 둘째 차량공유 앱인 디디추싱·메이투안다처美团打车가 있으며, 셋째 가까운 거리를 이동하고 싶을 때 유용한 오포·모바이크 같은 자전거공유 등이 있다.

| 중국의 대표적인 공유경제 업체 | | | |
|---|---|---|---|
| 2015년 | 2016년 | 2017년 | |
| | | | |
| 차량공유 〈디디다처〉 | 배달앱 〈어러머〉 | 자전거공유 〈모바이크〉 | 자전거공유 〈오포〉 |

이 중에서 O2O 영역과 밀접한 맛집 평가 및 음식배달, 차량공유, 자전거공유를 좀더 알아보자. 지도 앱은 무인자동차에서, 알리페이와 위챗페이는 결제 플랫폼 파트에서 더 자세하게 다루겠다.

### 맛집평가 및 음식배달 서비스

2014년 상하이에 와서 중국어를 배울 때 가장 놀라웠던 점이 편의점에서 알리페이로 결제를 하는 것과 다종디엔핑에서 근처 맛집을 검색해서 쉽게 찾을 수 있다는 것이었다. 4년이 지난 2018년 중국은 그동안 음식배달, 차량공유, 자전거공유 등 O2O 산업이 폭발적으로 성장했다. 휴대전화만 있다면 못 할 게 없을 정도다.

이런 O2O 산업이 성장한 배경을 몇 가지로 짚어볼 수 있다. 첫 번째, 상하이를 비롯하여 중국 대도시에는 오토바이나 자전거를 위한 전용도로가 있고 풍부한 노동력이 있기 때문이다. 두 번째, 스마트폰이 급속도로 보급되면서 신용카드가 없는 사람도 알리페이나 위챗페이로 쉽게 결제가 가능해졌기 때문이다. 세 번째, BAT 외에 IDG캐피털이나 세쿼이아캐피털 같은 유명 벤처캐피털vc의 투자를 바탕으로 몸집을 불리면서 끝까지 살아남은 기업이 시장을 과점하면서 생활 서비스와 편의성을 증대시켰기 때문이다.

2018년 알리바바는 10조 원에 달하는 엄청난 금액을 들여서 음식배달 서비스인 어러머의 나머지 지분(57%)을 모조리 사들였다.

기존에 알리페이가 가지고 있던 지분 43%와 합쳐서 어러머를 완전히 인수한 것이다. 그리고 코우베이口碑와 어러머를 합쳐서 단숨에 메이투안과 양강 체제를 만들었다. 2018년 8월 인수한 바이두와이마이百度外卖까지 고려한다면 확실한 1위를 굳혔다고 할 수 있다. 알리바바가 이렇게 음식배달에 공을 들이는 것은 신유통을 중국 전역으로 확장하려면 1시간 내에 집에까지 배송해주는 서비스가 필수적이기 때문이다. 또한 알리페이를 통해서 결제를 유도하고, 결제정보는 다시 가장 중요한 데이터로 활용된다. 신유통 영역에서도 텐센트와 경쟁하고 있는 알리바바로서는 절대로 밀려서는 안 되는 영역이기도 하다.

## 차량공유 서비스

스마트폰이 대중화되면서 2104년부터 중국에도 우버와 같은 차량공유 서비스가 보급되기 시작했다. 중국 정부는 국가 안보를 이유로 글로벌 업체들이 직접 중국의 지도를 제작하는 것을 허용하지 않는다. 반드시 중국의 지도 제작 업체와 협업을 해야 한다.

중국에서 가장 유명한 지도로는 바이두지도, 알리바바 계열의 가오더지도, 텐센트의 텅쉰지도腾讯地图가 있다. 최근 바이두지도는 음성인식 기반 인공지능 기능을 추가하여 더욱 막강해졌다. 차량공유 시장에서 바이두는 2014년 12월 자체 지도 서비스를 바탕으로 글로벌 차량공유 1위 사업자였던 우버의 투자를 유치함으로써 잠시 승기를 잡는 듯했다. 그러나 당시 1, 2위 사업자로서 치열한 경쟁을 하던 텐센트의 디디다처와 알리바바의 콰이디다처가 2015년 2월에 전격적으로 합병함으로써 바이두와 우버 진영을 꺾는 데 성공했다. 텐센트와 알리바바는 서로 경쟁자이지만 이렇게 합병을 함으로써 나머지 경쟁 업체를 단번에 없애는 전략을 이때부터 자주 쓰기 시작했다. 최근 트럭공유 시장에서 윈만만과 훠처팡이 합병하여 만방이 최종 승기를 잡은 것도 같은 방식이다.

사실 중국에서 위챗과 알리페이만 있으면 시내에서 생활하는 데 거의 불편함이 없다. 시내에서 이동할 때뿐만 아니라 상하이에서 2~3시간 떨어진 우시나 소주에 갈 때도 디디 앱을 통해서 순펑차順风车를 부를 수 있다. 이는 차량 소유주가 자신의 목적지로 가면서 손님을 태워다 주고 돈을 받는 서비스인데, 차가 없는 사람들에겐 아주 편리하고 가격도 저렴한 편이다. 디디추싱은 중국에서 90%의 시장점유율을 보유한 독보적인 차량공유 업체이지만, 최근 메이투안이 메이투안다처라는 이름으로 보조금을 뿌려가며 차량공유 시장에 진입하는 바람에 경쟁이 심해지고 있다.

메이투안은 원래 맛집평가 플랫폼인데, 2015년 10월 시장점유율 30%인 다종디엔핑과 합병하면서 1위로 올라섰다. 차량 예약 서비스인 디디다처와 콰이디다처가 합병하여 우버를 제치고 완전

차량 공유 서비스 디디추싱 앱. 목적
지를 입력하면 비용이 자동 계산되고
차종도 고를 수 있다.

히 승기를 굳힌 것과 유사한 전략이다. 디디추싱은 중국에 오면 필
수적으로 사용해야 하는 앱 중의 하나다.

　BAT 중에서 바이두의 가장 큰 약점은 모바일 시대의 핵심인 결
제 서비스에서 존재감이 없다는 것이다. 바이두는 기술자의 DNA
를 가진 엔지니어 출신들이 많아 모바일 비즈니스에 대한 통찰이
부족하기 때문이다. 그래서 인터넷 시대의 강자였던 바이두가 모
바일 시대에는 전혀 힘을 쓰지 못하고 있다. 그러나 최근 인공지능
에 역량을 집중하여 자율주행 플랫폼인 아폴로와 음성인식 플랫폼
인 두어OS를 내놓으면서 BAT로서의 명성을 되찾을지 기대를 모
으고 있다. 앞으로 자율주행차와 차량공유 서비스 역시 결합될 것
이고, 여기서 바이두가 승기를 잡는다면 다시 한번 선두로 올라설

수도 있다. 지난 한 해 동안 바이두의 인공지능을 총괄 지휘했던 COO 루치陆奇가 2018년 5월에 갑자기 사직하기로 한 것은 매우 아쉽지만, '올인 AIAll in AI' 전략에는 변함이 없을 것으로 보인다.

## 자전거공유 서비스

상하이에서는 길거리를 다닐 때 노란색 오포 자전거와 주황색 모바이크 자전거가 가장 눈에 띈다. 사실 너무 많은 자전거가 있어서 걸어 다니기가 불편할 정도다. 2018년 4월 메이투안은 중국 최대 자전거공유 서비스 업체인 모바이크를 인수했다. 원래 수십 개의 자전거공유 업체가 난립했으나, 알리바바가 투자한 오포와 텐센트 계열의 메이투안이 인수한 모바이크로 시장이 재편됐다.

오포는 처음 199위안(약 3만 4,000원)을 예치하고, 한 번 탈 때마다 1위안을 내면 된다. 알리페이를 사용하면 즈마신용芝麻信用이라는 신용점수가 쌓이는데 650점이 넘는 사람에게는 예치금을 면제해주기도 한다. 알리바바가 신용정보를 이용하여 비즈니스를 하는 하나의 사례다. 자전거 의자 뒤의 바코드를 스캔하면 4자리 숫자가 보이고, 이것을 입력하면 자전거 자물쇠가 풀린다. 사용자 입장에서는 매우 편리한 서비스이지만, 아직 수익은 내지 못하고 있다.

2018년 상반기에 1위 기업인 오포조차 직원 50%를 줄인 상황이다. 모바이크와의 경쟁에서 밀리지 않기 위해서 과도하게 자전거

버려진 자전거 때문에 도심 곳곳에 자전거 무덤이 생겨나고 있다.

를 설치했고, 자전거의 파손이 생각보다 많이 발생했기 때문이다. 실제 수요보다 훨씬 많은 자전거를 설치하고, 설치 대수를 자랑하는 것은 의미가 없어 보인다. 중요한 것은 이용률이다.

디디다처와 콰이디다처가 합병했듯이, 자전거공유 역시 오포와 모바이크가 합병할 것이라는 관측이 많다. 실제로 대부분의 자전거공유 업체는 파산하고 알리바바와 텐센트 계열만 남은 상황이다. 하지만 알리바바와 텐센트의 기 싸움 때문에 쉽게 성사될 것 같지는 않다.

# 모바일 시대에
# 최적화된 금융 플랫폼

## 지급결제 서비스의 등장

• • •

알리바바는 2004년 자사 전자상거래 플랫폼에서 판매자와 구매자 간의 신용 거래를 촉진하기 위해 알리페이라는 에스크로 서비스를 오픈했다. 타오바오에서 거래된 대금을 알리페이가 15일 정도 보관하면서 구매자가 판매자의 물품을 받고 확인하기 전까지 판매자의 손에 결제 대금이 들어가지 않게 하는 서비스다. 이런 서비스가 가능하기 전에는 물품을 받을 때 대금을 현금으로 내야 했고, 이는 온라인 거래의 활성화를 가로막는 장애 요인이었다. 알리페이의 등장으로 온라인 거래가 편리해지기는 했으나 사실 비금융사의 에스크로 서비스에 대한 규정이 없어 서비스에 법적으로 결함이 있는 상황이었다.

이에 중국 정부는 2010년에 '비금융사 지급 업체 관리 방법非金融

机构支付服务管理办法'을 제정하면서 온라인 지급결제에 대한 기준을 마련했고 비금융사가 합법적으로 온라인 결제업무를 진행할 수 있도록 길을 터주었다. 또한 중국의 중앙은행인 인민은행은 관련 규정에 따라 비금융기관이 지급결제 업무를 할 수 있도록 하는 '지급업무 허가증支付业务许可证 제도'를 도입했으며, 이때 가장 처음으로 허가증을 받은 업체가 알리페이였다.

중국에서 지급결제 업무는 은행만 할 수 있었으나, 이 제도의 시행으로 기존 은행이 독점했던 지급결제 시장의 진입장벽이 완화됐다. 이후 알리페이를 필두로 한 지급결제 업체들이 시장을 공격적으로 확장해왔다.

### 모바일 기기의 보급과 지급결제 서비스의 정착

나는 PC를 통해 2010년 알리페이 계좌를 개설했다. 당시에는 외국인의 경우 알리페이 계정이 은행 직불카드에 연결도 안 되어 알리페이 계좌에 금액을 충전해서 써야 했는데, 알리페이를 통해 온라인 구매를 할 경우 할인 혜택을 받을 수 있어 서비스에 가입했다. 결제 시 구매 건별로 한화 기준 1,000~2,000원을 할인해줬다.

알리페이는 2014년부터 PC가 아닌 모바일 기기를 통한 지급결제를 본격적으로 확산시키면서 자사 지급결제 플랫폼으로 사람들을 끌어들이기 위해 엄청난 마케팅 비용을 지출했다. 대형 슈퍼마켓 체인인 까르푸와 제휴하여 매주 특정 요일에 알리페이로 50위안(약 8,500원)을 결제하면 5위안(약 850원)을 할인해주고 다음번에 쓸 수 있는 5위안의 추가 할인쿠폰을 선착순으로 제공하기도 했다. 또한 식당에서 알리페이로 결제하면 무작위 추첨 방식으로 최대 300위안(약 25,000원)을 할인해주는 캠페인도 진행했다. 당시 알리페이는 접근 가능한 모든 온·오프라인 플랫폼에서 알리페이로 결제할 경우 할인 혜택을 줌으로써 단숨에 엄청난 사용자를 끌어모았고, 이는 오프라인 판매 채널들이 경쟁적으로 알리페이와 협업하도록 하는 계기가 됐다.

당시 텐센트의 위챗페이와 알리페이 간 경쟁적인 할인 마케팅은 중국에 모바일 지급결제가 정착하는 데 큰 계기가 됐다. 2015년 설에는 양사 총합 6억 위안(약 1,000억 원)에 달하는 홍빠오('복돈'이라는 개념으로 중국식 세뱃돈을 가리킨다)를 인센티브로 지출하는 등 경쟁이 절정에 달했다. 모바일 지급결제를 통해 홍빠오를 주고받을 경우 추가 금액을 지급하거나 무작위 추첨 방식으로 홍빠오를 주기도 했다. 물론 모바일 지급결제 방식이 생활화된 지금은 예전 같은 인센티브는 찾아볼 수 없다.

알리페이는 2014년 본격적인 모바일 시대를 맞아 급격히 성장했다. 중국에서는 2010년 초반 '대륙의 실수'라는 샤오미 폰이 등장했고 다른 제조사들도 합세하여 10만 원 정도의 저가폰이 공급되기 시작했다. 이와 동시에 전 국민이 저렴하고(중국 통신비는 한국의 3분의 1 미만 정도로 저렴하며 데이터 비용을 낮은 가격에 별도로 구입해 이용한다) 손쉽게 모바일 인터넷을 쓸 수 있는 환경이 구축됐다. 모바일 인터넷으로 연결된 스마트폰이 온 국민의 손에 하나씩 쥐여지는 순간 QR코드를 활용한 지급결제 플랫폼은 엄청난 파급력을 가지게 됐다. 어떻게 보면 계산대의 점원이나 입출고 창고 작업자처럼 모든 개인에게 바코드 스캐너와 같은 도구가 주어진 것이다. 카드 지급결제 인프라가 제대로 깔리지 않은 상황에서 QR코드를 활용한 모바일 지급결제 인프라가 구축됐다. 단돈 100원부터 몇백만원의 결제까지, 심지어는 기업 간 거래까지 모두 알리페이를 통해 모바일로 처리할 수 있다. 게다가 중국에서는 판매자와 구매자들이 현금이나 카드보다 더 정확하고 편리한 모바일 결제를 선호한다.

QR코드 결제 방식은 판매자가 자신의 QR코드를 보여주는 MPM<sub>Merchant Presented Mode</sub> 결제와 구매자가 자신의 QR코드를 보여주는 CPM<sub>Consumer Presented Mode</sub> 결제 두 가지로 구분된다. 이 중 판매자가 자신의 QR코드를 보여주는 MPM 결제 방식은 지급결제 시장이 가지고 있던 큰 문제를 해결해주었다. 기존 신용카드 및 직불카드 체계에서는 반드시 판매자가 단말기를 갖춰야 결제가 가능했으나 이제 그럴 필요가 없어진 것이다.

따라서 소형 점포나 노점상도 현금 거래가 아닌 MPM QR코드

결제 방식으로 온라인 지급결제 서비스를 이용할 수 있게 됐다. 기존에는 현금 거래만 가능하던 장소에서까지 지급결제가 가능해지니 일반 구매자들도 환영했고, 이런 지급결제 습관이 자연스럽게 CPM QR코드 결제 방식으로도 옮겨가게 됐다. MPM QR코드 결제가 중국 지급결제 시장에 일대 혁명을 불러일으킨 것이다.

스마트폰 보급과 손쉬운 QR코드 결제 방식의 출현으로 중국은 온라인 지급결제 사회로 빠르게 전환됐다. 2014년부터 알리페이는 가입자들에게 구매금액 할인 및 다양한 인센티브를 제공하며 자사 지급결제 플랫폼을 활용하도록 유도했으며, 사회 자체를 현금 거래에서 QR코드 방식의 결제로 변화시켰다. 알리페이 앱에 자신의 은행카드만 등록해놓으면 알리페이 앱으로 자유롭게 입출금할 수 있다(처음에는 완전히 무료로 서비스를 이용하게 했으나 2016년 10월 12일부터는 2만 위안(약 340만 원) 이상의 송금이나 은행 계좌 입금은 0.1%의 수수료를 받는다).

### 현금 없는 사회 멀지 않았다

상하이에 머무르면서 2016년부터는 동전을 써본 적이 없다. 게다가 예전에는 지갑에 10만 원 정도의 현금을 보유하고 다녔는데, 지금은 1만 원 정도의 비상금만 현금으로 가지고 다닌다. 노점상에서 한화 100~200원의 결제도 알리페이로 가능하며 판매자들도 QR

코드를 활용한 전자결제를 선호하기 때문에 지금은 오히려 현금을 가지고 다니는 사람이 좀 이상하게 느껴진다. 스마트폰 하나만 들고 있으면 모든 게 해결되기 때문에 굳이 지갑에 현금을 넣고 다닐 필요가 없다. 노점상뿐 아니라 길거리 공연, 구걸하는 사람들까지 QR코드를 보여주는 판이니 더 말할 게 있겠는가. 이런 전자결제 플랫폼 서비스의 빠른 정착 및 확산은 신용카드 및 카드 결제 시스템이 정착되지 않은 사회 인프라의 구조적 취약점, 위조지폐를 확인해야 하는 번거로움을 해결하는 데 큰 몫을 했다.

중국 정부가 '현금 없는 사회를 구현하겠다'라고 공언했는데, 단순히 농담이 아니라 몇 년 내에 실현될 것 같다. 모든 거래가 온라인으로 통합된다면 모든 거래가 투명해질 뿐 아니라 시스템의 통제 아래 들어오게 된다. 물론 자신의 자금 흐름이나 거래내역을 숨기고 싶은 사람도 있을 테니 정부에서 이것을 어느 수준까지 추진할 수 있을지는 미지수다.

그렇다 하더라도 개인정보를 보호해야 하고 프라이버시가 존중되는 서구 사회에서는 쉽게 가능하지 않겠지만, 공산당이 전 국민을 통제하는 중국에서는 충분히 가능해 보인다. 시장경제와 통제는 어느 정도 상충되는 면이 있는데, ICT(정보통신 기술)와 융합하는 신경제 플랫폼에서는 통제력을 가지고 강하게 추진하는 중국이 더 유리하다는 점만큼은 부정할 수 없다.

## 온라인 금융 서비스 및 라이프스타일 플랫폼

• • •

온라인 지급결제 회사들은 플랫폼 내 다양한 금융 서비스를 기반으로 지급결제 회사가 아닌 금융 서비스 회사로 성장했다. 실례로 알리페이는 고객들의 계좌에 남아 있는 돈을 단기로 굴려 은행보다 더 높은 이자를 제공하는 위어바오余额宝라는 MMF를 출시했다. 그럼으로써 위어바오는 고객들의 여유자금을 단숨에 끌어모아 세계 최대의 MMF가 됐다. 현재 외국인은 가입할 수 없어 위어바오를 활용할 수는 없으나, 내가 중국인이었다면 수중에 있는 자금은 모두 위어바오에 넣어 관리할 것이다.

### 신용과 금융의 연결

알리페이는 MMF를 뛰어넘어 '즈마신용'이라는 신용 서비스를 오픈했다. 알리페이 가입자의 신용도를 자체 평가하여 대출 서비스를 제공함과 동시에 알리바바 생태계 내의 다양한 서비스를 보증금의 제한 없이 활용할 수 있도록 하고 있다. 앤트파이낸셜의 대출 서비스는 알리페이 내의 거래내역 및 알리바바 플랫폼의 빅데이터를 통해 개개인의 신용도를 파악하므로 대출 미회수율이 극히 낮다. 그리고 즈마신용이 650점 이상이면 알리바바 생태계 내 기업들(주로 알리바바가 투자한 스타트업 기업들)의 서비스를 보증금 없이 무료로 이용할 수 있다. 내가 종종 활용하는 EV CARD라는 공유 전기자동차는 보증금이 2,000위안(약 34만 원)인데 보증금을 면제 받을 수 있고 오포라는 자전거공유 서비스도 199위안의 보증금을 납부하지 않고 이용할 수 있다. 물론 여기에는 이 정도 신용을 가진 사람이라면 절대 떼어먹지 않을 것이라는 자체 신용평가가 뒷받침 되어 있다.

최근 알리바바는 2018년부터 자동차 자판기 서비스를 출시했다. 스마트폰으로 자동차를 검색한 후 구입 버튼만 누르면 자판기 모양의 빌딩에서 자동차가 출고된다. 알리바바의 신용평가시스템에서 신용등급을 받은 후, 차 가격의 10%를 선결제하면 바로 출고된다. 잔금은 알리페이를 통해 매월 할부로 결제하면 되는 편리한 서

알리바바가 출시한 자동차 자판기 서비스. 신용평가점수에 따라 이용할 수 있다.

비스다. 이 서비스를 이용하기 위해서는 신용평가 점수가 700점 이상이어야 한다. 나의 즈마 신용점수는 616점인데, 갖은 혜택을 볼 수 있는 즈마 신용점수가 높은 사람이 부럽기도 하다.

바이두 검색에 따르면 신용점수는 '신분정보(15%), 신용기록(35%), 지급능력(20%), 인맥관계(5%), 거래내역(25%)'으로 신용을 평가한다고 되어 있다. 알리바바는 신용점수 700점 이상은 최우수, 650~700점은 우수, 600~650점은 양호로 구분해 서비스 이용 범위를 제한하고 있다. 현재 알리페이 사용자 수는 5억 2,000만 명으로, 알리바바는 실로 어마어마한 신용정보를 데이터베이스에 축적하고 있다.

## 생활 밀착 서비스로 확장되는 알리페이

현재 알리페이는 지급결제 플랫폼 및 금융 서비스를 뛰어넘어 라이프스타일 플랫폼 회사를 표방하고 있으며, 알리페이 앱을 통해 사람들이 알리바바 생태계 내의 더 많은 서비스를 이용하도록 유도하고 있다. 알리페이는 알리바바 생태계의 핵심 축이라고 할 수 있다. 2019년 1월 기준, 알리페이는 지불 결제 기능 외에 생활(16개), 금융(4개), 자금(5개), 쇼핑 및 엔터테인먼트(4개), 교육 및 공익(7개), 제3자 서비스(11개) 섹션을 운영하고 있다. 총 47개의 서비스를 별도 앱 설치 없이 바로 이용할 수 있다.

알리페이는 라이프스타일, 배송, 페이 등 51개 서비스를 제공하며
데이터 수집 플랫폼 역할을 하고 있다.

　　내가 가장 자주 활용하는 것은 택배 서비스다. 알리페이 앱에서
내 휴대전화 번호를 활용하여 나에게 오는 택배 정보 및 배송 현황
을 다 모아서 알려준다. 또 내가 택배를 보내고 싶으면 휴대전화에
서 받는 사람 정보만 입력하고(보내는 사람 정보는 이미 입력되어 있다)
발송 버튼을 누르면 알리바바의 물류 플랫폼인 차이냐오에서 2시
간 내에 택배 기사를 보내 물건을 픽업해 간다. 운송 정보는 이미
입력되어 있으므로 운송장을 손으로 쓸 일도 없고 포장도 픽업해
간 택배 회사에서 처리한다.

공과금 납부도 자주 이용하는 서비스다. 중국에는 공과금 청구서에 모두 QR코드가 인쇄되어 있다. 해당 공과금의 QR코드를 알리페이에 스캔해 한번 지급하고 등록해놓으면, 그다음부터는 앱에서 내가 내야 할 금액을 공과금 항목별로 검색하고 납부할 수 있다. 게다가 알리페이에서 거래한 내역 및 자금 내역을 바탕으로 자동으로 가계부까지 만들어준다.

이처럼 알리페이가 제공하는 각종 편의를 이용하다 보니 이 앱을 자주 사용할 수밖에 없다. 외국인들도 많이 이용하는데, 위어바오 및 신용대출 서비스까지 이용할 수 있는 중국인에게는 지급결제의 기본 수단이다. 더욱이 부가 서비스까지 손쉽게 활용할 수 있으니 더할 나위 없이 편리한 앱이다.

## 일관된 목표는 데이터를 수집하는 것

이 모든 것의 배후에 일관된 알리바바의 의도가 보인다. 알리페이는 알리바바가 막대한 빅데이터를 모을 수 있는 데이터 수집 플랫폼 역할을 하고 있는 것이다. 알리바바 생태계 내에 있는 티몰, 타오바오, 어러머 등의 서비스 플랫폼에서 사용자들의 관심사와 주문정보들이 당연히 수집되고 있다. 동시에 알리페이는 지급결제 정보를 통해 알리바바 생태계 밖에 있는 거래 주체들, 이를테면 백화점, 슈퍼마켓, 일반소매점, 식당, 극장 등 알리페이를 통해 일어나는 지급결제의 모든 데이터까지 끌어모으고 있다.

게다가 알리페이에 개인정보도 들어 있으니 개인별로 어떤 소비를 하고 어떤 서비스를 활용하고 있는지도 분석할 수 있다. 나는 알리페이가 주는 편리함 때문에 알리페이를 더 자주 쓰게 되고 알리페이는 내가 어느 가게에 들렀는지, 어떤 식당에서 음식을 사 먹었는지, 어느 장소에 자주 가서 소비를 하는지를 알게 된다. 이런 데이터 분석을 통해 알리페이 플랫폼에서도 분명히 내가 원하는 맞춤형 서비스 및 제품을 추천할 것이다. 물론 알리바바 생태계 비즈니스와 나를 끊임없이 연결하려 할 것이고, 실제로 그렇게 하고 있다.

## 데이터가 핵심 에너지가 되는 미래 사회를 준비한다

앞서도 언급했듯이, 마윈은 연설문에서 미래 사회에는 화석연료가 아니라 데이터가 에너지 역할을 한다고 말했다. 이는 중국에서 오프라인 세상이 온라인으로 융합되고, 경제 생태계가 새로운 성장 동력을 갖게 되며, 끊임없이 새로운 비즈니스 모델이 서비스되고 확장되는 것을 보면서 실감하고 있다. 또한 서비스 제공자 및 제품 판매자들은 알리바바 플랫폼 사용자들을 타깃으로 알리바바 생태계에 자신들의 비즈니스를 끊임없이 연결하고 있다. 전 세계 숙박 중개 사이트로 유명한 에이비앤비 역시 알리페이를 통해 접속할 수 있다.

노점, 재래시장, 카페 등을 가리지 않고 결제가 이루어지는 곳이면 어디에서든 알리페이, 위챗페이를 사용할 수 있다.

기존 QR코드 방식을 뛰어넘어 알리페이는 안면인식이나 음성인식을 통한 더 간편한 결제 방식을 추진하고 있으며, 이를 통해 더 많은 데이터를 축적함과 동시에 더 큰 생태계를 구축하려 하고 있다(안타깝게도 안면인식은 중국인에 한해서만 가능하다). 물론 이 신개념 결제 서비스가 널리 쓰이려면 안면 또는 음성을 인식하는 하드웨어 인프라가 현장에 갖추어져야 하지만, 새로운 기술을 통한 결제 시스템 구축이 중국에서는 그렇게 먼일처럼 느껴지지 않는다.

또한 지급결제에 대한 중국 정부의 간접적인 지원도 대단하다. 중국은 이처럼 새로운 핀테크 기술이 도입되는 시기에 새로운 시도에 대해 포지티브 규제를 하지 않고 네거티브 규제를 시행했다. 따라서 앤트파이낸셜(알리페이의 모기업)을 선두 주자로 한 중국 핀테크 기업들은 중국 정부의 이런 방임 아래 다양한 사업적 시도를 해볼 수 있었고, 거대한 중국 시장에서 새로운 비즈니스 모델을 창출하고 경제 생태계를 구축할 수 있었다.

중국이 공산당이 지배하는 일당 체제의 사회주의 국가임에도 이런 생태계를 구축할 수 있는 환경을 중앙정부에서 만들어준다는 사실은, 민주주의를 추구하는 대한민국이 규제와 관련하여 어떤 길을 가야 하는지 강한 시사점을 던져준다.

한국의 경우 네이버페이, 카가오페이 등의 서비스가 출시는 됐으나 금융 서비스 및 라이프스타일 서비스를 제공하는 알리바바의 알리페이나 인공지능 스피커와 결제를 결합하는 아마존의 아마존 페이처럼 신기술과 핀테크 기술을 융합하려는 시도는 상대적으로 부족하다. 국내에서는 이마트24, 코리아세븐, CU에서 무인편의점을 시범적으로 운영하고 있으나 소비자의 동작을 인식하는 기술이 아닌 결제 시 바코드 스캔을 활용하는 방식에 머물고 있다. 알리바바나 아마존에서 시범 서비스를 하고 있는 타오카페Tao Café나 아마존고Amazon Go의 수준과는 아직 격차가 크다. 한국에도 온라인과 오프라인을 결합하고, QR코드를 뛰어넘는 새로운 기술을 개발하고 적응하는 혁신 기업이 탄생하기를 기대한다.

# 소비자의 삶으로 파고드는 엔터테인먼트 플랫폼

## 온라인 동영상

• • •

구글 빈턴 서프Vinton Cerf 부사장이 "우리는 곧 인터넷을 통해 대부분의 TV 프로그램을 시청하게 될 것이다"라고 말했듯이, 언제부턴가 우리는 집에 가면 TV를 보는 것이 아니라 휴대전화를 만지작거리며 동영상을 보게 됐다. 이제는 가족들과 저녁을 먹고 나서 좋아하는 채널을 먼저 보려고 다투는 일도 사라졌다. 각자 좋아하는 방송을 휴대전화에서 검색해서 원하는 시간에 보면 그만이기 때문이다. 일면 좋기도 하지만 뉴스나 드라마를 같이 보면서 이야기하는 재미가 사라졌다는 점은 많이 아쉽다.

사람들이 자주 이용하는 비디오 스트리밍으로는 어떤 것이 있을까? 중국에 살면서 불편한 것 중의 하나가 가상사설망인 VPNvisual private network을 사용해야만 유튜브를 볼 수 있다는 것이다. 중국은 구글, 페이스북의 사용이 금지되어 있어서 월 30위안(약 5,000원)을 내고 VPN을 연결해야 사용이 용이하다. 사실 유튜브는 가장 많은 정보를 담고 있고, 추천 서비스도 잘되어 있어서 내가 가장 선호하는 온라인 동영상 서비스다. 중국에서 넷플릭스는 아직 직접 서비스가 되지 않고 아이치이와 합작을 통해서 콘텐츠를 공급하는 단계다.

## 온라인 동영상 서비스의 성장

중국에서 대표적인 온라인 동영상 서비스는 바이두 계열의 아이치이, 알리바바 계열의 유쿠, 텐센트 계열의 텅쉰스핀腾讯视频 등이며 이들이 '빅 3'로 꼽힌다. 이 중 아이치이는 〈별에서 온 그대〉와 〈태양의 후예〉 등 한국 방송을 실시간으로 방송하면서 유명해졌고, 중국판 유튜브로 불리는 유쿠는 알리바바가 5조 원에 인수하면서 유명해졌다. 아이치이는 2018년 3월 30일에 나스닥에 상장했으며 2018년 6월 시가총액 33조 원을 돌파했다. 이는 바이두 시가총액의 3분의 1, 넷플릭스의 6분의 1로 앞으로 엄청난 성장을 암시하고 있다.

미국에서는 유튜브 외에 오리지널 콘텐츠를 제작·방송하는 회사로 넷플릭스와 아마존 프라임 비디오가 많이 알려져 있다. 특히 넷플릭스는 봉준호 감독의 영화 〈옥자〉를 바로 상영하면서 유명해

바이두 계열의 아이치이는 〈별에서 온 그대〉를 방송하면서 유명세를 얻었다.

알리바바 계열의 유쿠.

텐센트 계열의 텅쉰스핀.

졌다. 아마존 프라임 회원에게 제공되는 비디오 스트리밍 서비스 또한 오리지널 콘텐츠에 엄청난 돈을 투자하고 있다. 월 1만 원도 안 되는 돈으로 내가 보고 싶은 모든 영화나 드라마를 볼 수 있으니 얼마나 좋은가.

전자상거래 업체들이 왜 이런 동영상 서비스에 진출하는 것일까? 당연하게도, 돈이 되기 때문이다. 예를 들어 유쿠에서 영화를 보다 보면 예전에 내가 타오바오나 티몰에서 샀던 물건이나 조회했던 물건들이 광고로 뜬다. 나도 모르게 클릭을 하게 되고, 자연스럽게 타오바오몰로 접속하게 된다.

최근에는 아이치이가 징둥과 파트너십을 맺고 협업을 하기로 했다. 이는 분명히 시너지가 있을 것이고, 소비자가 보는 영상 중간 중간에 맞춤형 광고를 뿌리면서 징둥에서 상품을 구매하도록 계속 유도할 것이다. 아마존 프라임 비디오도 마찬가지다. 우리가 온라인에 접속되어 있는 동안에 계속해서 데이터를 모을 것이고, 우리의 행동 하나하나를 통해서 우리가 무엇에 관심이 있고 무얼 좋아하는지 파악해나갈 것이다. 광고주 입장에서는 대중에게 무작정 똑같은 방식으로 내보내는 TV 광고보다는 개인 맞춤형 광고를 훨씬 선호할 것이기 때문이다.

사실 이는 알리바바의 대부분 수입이 광고에서 나오는 이유이기도 하다. 이런 온라인 방송 서비스 중간에 나오는 광고를 보면, 내가 좋아하는 것을 너무 잘 알고 있어서 가끔은 섬뜩하기도 하다.

## 동영상 서비스에서 인공지능의 역할이 커지고 있다

최근 중국에서 떠오르는 유니콘 기업 중 하나인 토우탸오는 인공지능 기술을 이용하여 개인 맞춤형 뉴스를 제공하고 있다. 이미 7억 명의 사용자를 확보했고, 2018년 6월 기준 시장가치도 이미 33조 원을 돌파했다. 앱만 열면 개인이 좋아하는 뉴스와 동영상이 올라오니 한 번 접속하여 뉴스를 보다 보면 1시간은 그냥 흘러간다. 또한 중간중간에 삽입돼서 올라오는 광고도 내가 좋아하거나 검색했던 물건이다. 점점 더 인공지능이 중요해지고, 데이터가 곧 돈이 된다는 것을 확실히 느낄 수 있다. 콘텐츠로 돈을 버는 텐센트나 바이두 입장에서는 토우탸오가 가장 강력한 경쟁자로 떠오른 셈이다.

실제로 텐센트가 토우탸오의 뉴스 공유를 차단해서 양사 간에 소송전이 발생했는데, 대부분의 중국 네티즌은 토우탸오를 지지하고 있다. 중국 인공지능 대표 기업인 바이두 역시 토우탸오와 마찬가지로 맞춤형 뉴스를 제공하고, 뉴스를 음성으로 읽어주는 서비스까지 제공하고 있다. 뉴스를 통해서 중국어를 배우고자 하는 사람에게는 정말 좋은 서비스다. 아마존과 구글에 비해서는 아직 글로벌 점유율이 낮은 편이지만, 중국에서 알리바바는 인공지능 스피커 분야에서도 선두를 달리고 있다. 그 뒤를 바이두, 샤오미, 징 둥이 추격하고 있다.

인공지능 스피커 분야에서 중국 1위는 어디가 될 것 같으냐는 질문을 받는다면, 나는 당연히 바이두라고 말하겠다. 대화를 하는 주요 이유가 노래를 듣거나 모르는 걸 물어보고 답변을 듣고 싶어 하는 것이기 때문이다. 바이두는 중국 최대 검색엔진으로, 그동안 축적된 데이터베이스를 충분히 활용하여 가장 스마트한 인공지능 비서가 될 것이다.

사실 이는 구글이 사실상 중국 시장에서 퇴출당했기 때문에 가능한 일이다. 중국 정부는 "구글이 중국 법률을 준수한다면 중국 시장으로 진입하는 것을 환영한다"라는 의사를 밝히며 구글, 페이스북, 유튜브 등을 차단한 바 있다. 또한 바이두는 중국 유명 음원 스트리밍 회사 왕이음악网易云音乐과 협업함으로써 텐센트뮤직에 버금가는 음원을 확보하게 됐다. 미국에서도 지금 아마존 알렉사가 1위를 하고 있으나 구글홈이 빠르게 추격하고 있듯이, 중국에서도 바이두가 알리바바를 빠르게 추격할 것이다.

한국에서도 네이버와 카카오를 중심으로 인공지능 스피커 시장이 커지고 있다. 그렇지만 중국과 달리 양사는 구글과 힘겨운 한판 승을 벌여야 할 판이다. 네이버나 카카오는 한국인들이 좋아하는 콘텐츠와 캐릭터를 보유했지만, 이미 유튜브나 검색엔진으로 친숙한 구글이 LG전자, 경동나비엔, 한샘 등과 연합군을 형성한다면 승자를 예측하기가 쉽지 않기 때문이다.

## 미디어 산업에 일어나는 지각 변동

미래에는 온라인 동영상을 보다가 내가 좋아하는 연예인이 입은 옷을 보고, 인공지능 스피커를 통해서 정보를 얻고, 음성으로 구매 및 결제까지 가능해질 것이다. 이렇듯이 이제는 고객의 정보를 장악한 플랫폼 기업을 중심으로 산업의 경계를 넘나드는, 심지어 전체 산업을 장악하는 경지까지 이를지도 모른다.

2018년 6월에 상하이에서 CES 아시아 박람회가 열렸다. CES는 한마디로 소비자 가전 쇼인데, 요즘은 인공지능·자율주행·스마트홈 등 시대를 이끄는 최첨단 기기를 볼 수 있는 전시회로 인식되고 있다. 이번 CES 아시아에서는 중국의 4차 산업을 이끄는 기업들이 대거 참여했다. 특히 눈에 띄는 것이 인공지능 스피커를 통해서 TV나 냉장고, 에어컨 등을 컨트롤하고 원하는 채널을 음성으로 검색해서 볼 수 있는 서비스였다. TCL, 하이얼, 콩카, 스카이워스, 샤프Sharp 등의 가전 업체와 바이두의 두어OS, 알리바바의 티몰지니 등이 플랫폼 업체로 참여했다.

여기서 주목할 것은 이런 인공지능 TV의 콘텐츠를 누가 공급할 것인가다. 나는 BAT 계열의 아이치이, 유쿠, 텅쉰스핀과 같은 업체

바이두는 두어OS를 장착한
가정용 로봇을 출시할 예정이다.

아이치이의 작은 영화관.

들일 거라고 확신한다. 아이치이는 특히 오프라인 영화관 사업에
도 진출했는데, 5~10명 정도로 작은 영화관이다. 굳이 지금 상영
하는 영화가 아니라도 보고 싶은 영화를 보다 나은 사운드와 환경
에서 저렴한 가격에 볼 수 있는 서비스다. 또한 4,300위안(약 73만
원)을 충전해서 예치해두면 VIP 회원 자격이 주어지는데, 5억 명

가까운 회원을 보유한 아이치이로서는 금융 산업에 진입할 기회를 찾을 수도 있을 것이다.

이렇듯이 미디어 산업에서도 산업의 경계를 넘나들며 지각 변동이 일어나고 있다. 이미 글로벌 최대 엔터테인먼트 기업은 디즈니가 아니라 넷플릭스로 바뀌었다. 중국에서도 완다엔터테인먼트에서 콘텐츠 플랫폼 기업으로 주도권이 넘어가는 움직임이 보인다. 알리바바는 이미 완다필름万达电影에도 전략적 투자를 진행했다.

## 온라인 음악

• • •

몇 달 전 이사를 하면서 18년 넘게 가지고 있던 카세트·CD 겸용 플레이어를 버렸다. 8년 정도 가지고 있던 아이팟과 전용 스피커도 버리려고 고민하다가 디지털 음악을 담아 여전히 들을 수 있지 않을까 생각하여 남겨두었지만, 지금 보니 앞으로 크게 쓸모 있을 것 같진 않다.

이제 음악은 카세트나 CD로 듣는 게 아니다. 디지털화되어 모바일 기기와 인터넷 플랫폼으로 흡수돼버렸다. 한국의 멜론, 벅스, 지니뮤직 같은 플랫폼이 중국에서는 QQ뮤직, 쿠고우酷狗뮤직, 왕이윈网易云뮤직, 샤미뮤직이다. 알리바바는 자회사 알리음악阿里音乐을 통해 온라인 음악 플랫폼 샤미뮤직을 보유하고 있다. 미국의 전자상거래 강자인 아마존이 아마존뮤직을 통해 음악을 서비스하고 있듯이, 알리바바 또한 샤미뮤직을 통해 음악을 서비스함과 동시에 생태계 내 그 외 서비스와의 융합을 꾀하고 있다.

앞으로 집 안에서는 인공지능 가전이 사용자와의 소통을 통해 음악을 자연스럽게 들려주고, 차 안에서는 인터넷과 연결된 인공지능 인포테인먼트 시스템을 통해 음악을 접하게 될 것이다. 모든 환경에서 인공지능과의 의사소통을 통해 개개인 맞춤형 음악 서비스가 소비될 것이다. 이 때문에 알리바바를 비롯한 인터넷 강자들이 시장을 놓치지 않기 위해 온라인 뮤직 플랫폼을 포기하려 하지 않는 것이다.

### 유료화가 진행되는 디지털 음원 시장

디지털 음악 시장은 MP3 음원이 무료에서 유료 개념으로 바뀌고, 창작자의 저작권을 보호해야 한다는 사용자들의 의식 전환이 일어나면서부터 돈 되는 사업이 되어가고 있다. 미국에서는 인터넷 초창기 냅스터Napster라는 P2P 사이트를 통해 디지털 음원이 무료로 이용되다가 저작권 문제로 2011년 불법 서비스로 판정받아 서비스가 중단되는 사태가 있었다. 뒤이어 등장한 애플의 아이튠즈가 미국에서는 디지털 음원 시장의 게임 체인저가 됐고, 시장 구조가 자연스럽게 유료로 전환됐다.

중국에서는 최근까지 많은 사람이 MP3 디지털 음원을 무료로 사용하는 것이라고 생각했고, 거의 모든 사람이 음원을 무료로 사용했다. 하지만 정부의 음원 저작권 보호라는 강한 규제가 게임 체인저가 됐다. 2015년 7월 중국저작권국은 '인터넷 뮤직 서비스 업체 불법 음원 서비스 제공 금지 관련 통지关于责令网络音乐服务商停止未经授权传播音乐作品的通知'를 발표하고 강력한 단속을 시작했다. 이를 통해 2015년부터 중국의 디지털 음원 시장이 유료 시장으로서 비약적으로 성장할 수 있었다. 실제 2014년 4억 위안(약 700억 원) 규모의 시장이 2015년 11.1억 위안(약 1,890억 원), 2016년에는 20억 위안(약 3,400억 원)으로 성장했다. ◆

### 중국 디지털 음원 시장의 최강자 텐센트

2017년 CNNICChina Internet Network Information Center의 제41차 보고서에 따르면 중국의 인터넷 사용자 인구는 7억 7,200만 명이며 디지털 음악 콘텐츠 사용자 수는 그중 71%인 5억 4,800만 명에 달한다. 다국적 회계 감사 법인 PWCPricewaterhouseCoopers에 따르면 2020년까지 중국의 유료 디지털 음악 시장 규모는 10.6억 달러(약 1.1조 원)

---

◆ 〈중국 유료 디지털 음악 플랫폼의 매출과 성장〉, 아이리서치, 2018

| 중국 음원 스트리밍 시장 경쟁 구도 | | | |
|---|---|---|---|
| 텐센트 계열 | QQ音乐 QQ뮤직 | 쿠고우뮤직 | 쿠워뮤직 |
| 넷이즈(왕이) 계열 | 왕이윈뮤직 | | |
| 알리바바 계열 | 샤미뮤직 | | |
| 바이두 계열 | 바이두뮤직 | | |

출처: 뉴스핌

로 예상되며, 연간 30% 이상의 성장이 기대되는 잠재력이 큰 시장이다.

중국 내 스트리밍 음원 시장점유율 Top 5를 보면 텐센트뮤직 산하의 3대 플랫폼(QQ뮤직, 쿠고우뮤직, 쿠워酷我 뮤직)이 65.2%, 넷이즈 계열의 왕이윈뮤직이 15.4%, 알리바바의 샤미뮤직이 9.2%를 차지하고 있다. 텐센트 계열의 3개사가 1~3위를 차지하고 있으며 텐센트뮤직그룹의 글로벌 가입자 수는 6억 3,000만 명, 전체 유료 이용자 수는 1,700만 명에 달한다.

2016년 텐센트는 쿠고우뮤직과 쿠워뮤직을 보유한 중국음악그룹中国音乐集团을 인수한 이후 '텐센트뮤직 엔터테인먼트'를 설립했으며, 중국의 1위 시장점유율(65.2%) 및 유료 수익 모델을 바탕으로 2018년 12월 미국 증시에 상장했다. 현재 텐센트 계열의 쿠고우뮤직 앱에서 음원 스트리밍은 광고를 기반으로 한 무료 서비스이며, 음원 다운로드가 가능한 VIP 회원은 회비가 월 9.9위안(약 1,700원)이다. 유료 사용자가 증가하여 5,000만 명의 사용자가 1년에 2만 원을 온라인 음악에 쓴다고 하면 연 1조 원의 매출이 발생한다. 1억 명의 사용자가 2만 원을 쓴다면 2조 원의 매출이다. 소비 시장으로서 중국 시장의 규모가 어느 정도인지를 다시 한번 실감케 해 준다.

국제음반산업협회International Federation of the Phonographic Industry가 발표한 2018년 글로벌 음반 산업 리포트에 따르면 2017년 기준 전 세계 음악 시장 규모는 173억 달러(약 19.2조 원)이며, 중국 음악 시장이 약 2,900억 원 규모로 전 세계 10위권에 진입했다. 앞으로는 지적재산권 보호 강화로 유료 온라인 음악 시장의 규모가 지속 성장할 것이다. 중국은 음반 시장의 디지털 점유율이 96%로 세계 1위에 달하므로, 해외 주식 투자자라면 2018년 12월 12일 미 뉴욕 증시에 상장한 텐센트뮤직에 관심을 가져볼 만하다. 상장 당일 주당 13달러로 시작한 주가가 8.5% 상승하여 텐센트뮤직의 기업가치는 230억 달러(약 25.3조 원)가 됐다.

### 새로운 킬러 콘텐츠의 부상

알리바바는 샤미뮤직이라는 음악 콘텐츠 플랫폼이 있지만 중국에서 시장점유율은 텐센트 계열의 음악 플랫폼들에는 다소 뒤진다. 샤미뮤직은 월 8위안(약 1,300원)이면 음원 스트리밍 무제한에 월 300곡 다운로드 서비스를 받을 수 있다. 또한 인공지능을 통해 내가 검색했던 음악과 유사한 음악을 추천해주고 나와 비슷한 취향을 가진 사용자가 누구인지도 알려준다.

이처럼 사물인터넷 기술이 음성인식 기반으로 바뀌는 트렌드에서 음악은 앞으로 인공지능 스피커의 킬러 콘텐츠가 될 것이며, 알리바바도 자사의 인공지능 스피커인 티몰지니를 통해 음원을 공급하기 위해 샤미음악 플랫폼을 지속적으로 성장시킬 것이다. 티몰지니는 아마존의 에코와 같은 인공지능 스피커로, 알리바바는 와이파이가 아닌 메시Mesh 라는 저렴한 블루투스 기술을 적용하여 보다 경제적이고 차별화된 사물인터넷 생태계 구축을 계획하고 있다. 즉, "티몰지니, 나에게 클래식 음악을 들려줘"라고 했을 때 샤미뮤직이 적절한 선곡으로 디지털 음악을 들려줄 것이다.

현재 알리바바의 티몰지니는 중국 인공지능 스피커 시장점유율 59%로 시장점유율 1위이며, 2018년 1분기에는 110만 대가 판매됐다.◆ 인공지능 스피커 시장에서 영향력을 지속 강화할 수 있다면 디지털 음원 시장에서의 영향력 또한 강화될 것이다.

---

◆ "세계 3위, 국내 1위, 티몰지니의 300만 판매 전략", 소후닷컴, 2018. 05

## 저작권 경쟁에서 서비스 차별화로

디지털 음원 시장에서 성공의 열쇠는 음원 저작권의 확보다. 2016년 2월 알리바바는 한국 SM엔터테인먼트 신주발행에 355억 원을 투자하여 4%의 지분을 확보했으며, 2016년 5월에는 텐센트가 YG엔터테인먼트에 330억 원을 투자하여 4.5%의 지분을 확보했다. 그간 각 플랫폼은 저작권을 확보하기 위해 치열한 싸움을 벌여왔으며, 결과적으로 저작권 가격이 높아져 출혈 경쟁이 지속됐다. 실제 텐센트 계열 플랫폼들은 유니버설뮤직, 워너뮤직, 소니뮤직, YG엔터테인먼트, 화이브라더스, JYP, CJ엔터테인먼트 등 수많은 저작권 보유 업체와 파트너십을 맺었고 이 업체들의 음원에 대해 배타적인 권리를 확보했다.

하지만 업계에서 저작권 독점이라는 이슈가 제기되고 이런 경쟁이 음악의 창작과 폭넓은 유통을 저해한다는 중국 당국의 압박이 있었다. 이에 2017년 말과 2018년 초 텐센트, 알리바바, 넷이즈 계열 음악 플랫폼들은 음원의 배타적 권리를 서로 교환하거나 경쟁사 플랫폼 음원 사용에 대한 서브계약을 하는 방식을 통해 공유하기로 협약을 맺어 플랫폼 간의 저작권 경쟁을 종료했다.

앞으로 텐센트는 이미 확보한 방대한 저작권에 대해 마스터 계약자로서 서브계약을 함으로써 매출을 녀욱 끌어올릴 것으로 예상된다. 넷이즈뮤직, 샤미뮤직을 비롯한 비 텐센트 계열 음악 플랫폼들은 단순 음원 제공이 아닌 음악을 활용한 차별화된 융합 서비스 제공을 통해 시장에서 경쟁해나가야 할 것이다. 알리바바의 티몰 지니와 샤미뮤직의 융합 서비스가 하나의 예가 될 것이며, 온라인 음악 플랫폼에서는 후발 주자인 알리바바가 시장 확대를 위해 음악과 그 외 서비스를 결합한 차별화로 독특한 서비스를 제공해야 할 것이다.

## 온라인 독서

• • •

중국은 모바일 기기의 보급으로 인터넷 사용이 급속히 증가한 나라다. 따라서 인터넷 사용자들의 디지털 모바일 기기에 대한 친밀감이 상당히 높은 편이며, 독서에 디지털 기기를 활용하는 비율 역시 다른 나라들보다 월등히 높다. 실제 중국 인터넷 사용자의 73%가 온라인 독서를 접촉해본 것으로 조사됐다.◆

또한 온라인에서 접할 수 있는 전자책의 가격이 종이책 평균 가격 35위안(약 4,900원) 대비 20~30% 정도로 월등히 저렴한 편이다. 월 12위안(약 2,000원)의 정기구독료만 지급하면 온라인상에서

---

◆ 〈제15차 전국국민독서조사보고〉, 중국신문출판연구원, 2018. 05

상당히 많은 책, 특히 인기 웹 소설을 볼 수 있다. 이런 가격 측면의 이점 또한 많은 이용자층을 확보하는 데 큰 밑거름이 됐다.

## 꾸준히 증가하는 중국 전자책 이용자 수

중국 전자책 시장의 큰 특징은 작가 및 독자 대부분이 1990년대생, 2000년대생의 젊은 층이며 판타지, 로맨스 테마의 웹 소설이 큰 인기를 끌고 있다는 것이다. 이들 젊은 층은 좋은 콘텐츠에 돈을 내는 걸 꺼리지 않는다. 중국의 온라인 독서 플랫폼에서는 웹 소설의 처음 몇 챕터는 무료로 서비스하여 흥미를 유발한 다음, 나머지는 유료로 서비스하고 있다.

탕자산샤오唐家三少라는 필명의 1981년생 온라인 소설가 장웨이张威는 2004년부터 작품 활동을 시작하여 광즈즈光之子, 써스탕먼色世唐门, 쾅선狂申 등 17편의 대작을 출간했다. 현재까지 누적 수입이 1.22억 위안(약 207억 원)에 달한다고 하니 중국 시장에서 인기 작가의 위상이 어느 정도인지를 실감할 수 있다.

2017년 기준 중국 전자책 이용자는 3억 7,800명으로 전체 인터넷 사용 인구의 48.9%였으며 이 중 휴대전화를 통한 이용자 수가 3억 4,400만 명이었다.◆ 전자책 이용자 수는 전년 대비 13% 이상

---

◆ 〈제41차 중국인터넷발전현황통계 보고〉, 중국인터넷정보센터, 2018

성장했다. 2017년 전자책 시장 규모는 152억 위안(약 2.6조 원)이었으며 전년 대비 26.7%라는 견실한 성장률을 기록했다.◆

아마존 중국이 2017년 발간한 전 국민 독서보고서에 따르면 많은 중국인이 자신이 구독하는 콘텐츠에 일정 금액을 지급할 의사가 있다고 밝혔으며, 응답자의 약 70%는 구독 콘텐츠에 대한 강한 지급 의사를 나타냈다. 특히 젊은 세대(빠링허우80后에서 링링허우00后에 이르는, 1980~2000년대 출생자)일수록 자신이 소비하는 콘텐츠에 대한 지급 의사가 높았다.

## SNS와 연동한 전자책 서비스 플랫폼 위챗독서

이 전자책 플랫폼이 모바일 서비스와 융합하면서 다양한 비즈니스 모델이 등장했다. 텐센트의 위챗독서微信读书는 중국 최대의 SNS 서비스인 위챗과 연동되어 서로 독서 중인 책의 목록을 공유하며 친구 중 금주에 누가 가장 책을 오래 읽었는지 경쟁을 시킨다. 독서 중인 책의 추천 및 서평 교환을 가능하게 함으로써 사용자 간 독서를 촉진하는 역할도 하고 있다. 또한 독서를 촉진하기 위해 30분 독서 시 1위안(약 170원), 주당 5시간 이상 독서 시 최대 10위안(약

---

◆ 〈2017-2022년 중국 온라인 문학산업 심층조사 및 투자전략 연구보고〉, 지식연구자문망, 2018

1,700원)의 포인트를 지급한다. 이 포인트는 플랫폼 내에서 활용할 수 있다. 즉, 주당 5시간 이상의 독서를 한다면 월 40위안의 포인트가 생기고 위챗독서 플랫폼에서 e북을 구매할 수 있다.

위챗독서의 충실한 구독자인 나의 중국인 친구는 1년 전에 50위안을 지출한 뒤 한 번도 추가 지출을 해본 적이 없다고 한다. 다양한 포인트를 활용했기 때문이다. 하지만 온라인 독서 및 이북의 맛에 중독된 독자들은 콘텐츠를 위해 추가 지출을 아까워하지 않을 것이며, 결제는 위챗페이로 간단하게 처리하면 된다. 내 친구처럼 어떤 사람들은 전혀 비용을 지출하지 않기도 하는데, 현재 위챗독서는 사용자를 최대한 끌어모아 시장을 장악하는 것이 목표이기 때문에 고객 확보를 위해 마케팅 비용을 아낌없이 퍼붓는 것이다. 지급결제 시스템에서도 경험했듯이 지배적인 플랫폼 사업자가 된 이후에는 서비스에 가격을 책정하고 타 서비스와 결합해 다양한 수익 모델을 창출할 수 있다.

한국에서는 카카오가 소셜 네트워크를 활용하여 위챗독서와 같은 전자책 플랫폼 서비스가 가능할 것이다. 지인이 읽어본 후 추천한 책이라면 구독할 확률이 높을 것이며, 디지털 콘텐츠의 확산 속도가 빠르다는 점을 고려할 때 전자책 콘텐츠의 유통 채널로 소셜 네트워크 서비스를 활용해볼 만하다.

텐센트의 위챗독서. 포인트를 제공해 독자들을 플랫폼에 묶어두고 있다.

## 오디오북의 동반 성장

전자책 외에도 위챗독서는 팅슈昕书라는 오디오북 서비스를 운영 중이다. 컴퓨터가 문자를 인식해서 읽어주는 것으로 생각하는 사람이 많겠지만, 실제로는 사람이 책을 읽어 음원을 만들어 공급하는 방식이다. 대중교통을 이용하거나 차를 운전할 때 아주 유용하다. 물론 이 오디오북도 다 들으면 위챗독서 내에서 전자책을 구입할 때 쓸 수 있는 포인트를 준다. 이 포인트는 독자들을 위챗독서라는 플랫폼에 묶어두는 역할을 할 것이며, 광고 및 기타 서비스에서 추가 수익을 올리는 데 미끼로 활용될 것이다.

중국신문출판연구소中国新闻出版研究院가 2018년 4월에 발표한 조사 내용에 따르면, 2017년 중국 성인은 1인당 평균 4.66권의 책을 읽었으며 그중 전자책은 3.12권인 것으로 나타났다.◆ 한편 스마트폰을 통해 오디오북을 이용한 성인 인구는 2017년 22.8%로 2016년 17% 대비 5.8%포인트 성장했다. 이는 중국인들의 독서 스타일이 급속도로 변화하고 있음을 보여준다. 중국에서는 전자책 시장에서 오디오북이 차지하는 비율이 지속 증가할 것이다. 이제는 책도 음악을 듣는 것처럼 오디오북을 통해 출퇴근 또는 취침 전 틈새 시간에 비교적 쉽게 접하게 될 것이며, 인공지능과의 결합을 통해 내가 좋아하는 책을 지속적으로 추천받을 수 있을 것이다.

### 전자책 시장의 텐센트와 알리바바

현재 중국 전자책 플랫폼 1위는 텐센트 계열사인 위에원그룹阅文集团이다. 위에원그룹은 QQ독서, 치디엔중원왕起点中文网 등 중국 내 선두 온라인 독서 플랫폼을 운영하고 있으며 이용자 수 기준 48.4%를 점유하고 있다. 위에원그룹은 2017년 11월 성공적으로 상장했으며, 2018년 7월 홍콩 증시에서 전체 기업가치가 11조 원에 이르렀다. 시장이 지속적으로 성장하고 텐센트의 게임 및 영상 엔터테인먼트와 시너지를 낼 것임을 고려할 때 앞으로 지켜봐야 할 회사다.

알리바바는 2015년 4월 알리문학阿里文学이라는 계열사를 설립하

---

◆ "제15기 전국 국립 독서 실태 조사", 중국출판네트워크, 2018. 04

알리바바의 알리문학. 알리바바는 후발 주자임에도 파급력을 예상해 전자책 시장에 뛰어들었다.

면서 온라인 출판 및 도서 콘텐츠 시장에 뛰어들었다. 2018년 6월
에는 티몰독서 앱을 출시하여 QQ독서와 같은 전자책 시장에 본격
적으로 발을 들여놓았다. 티몰독서는 한국의 YES24와 같은 온라
인 서점 및 전자책 리더 플랫폼이며, 이곳에서 전자책을 구매하면
티몰 플랫폼 전자책 구매로 연결된다. 티몰독서 및 티몰 전자상거
래 플랫폼 커뮤니티 내에서 책에 대한 평가는 가능하지만 위챗 플
랫폼처럼 소셜 네트워크 지인들과 독서 중인 책을 비교하거나 추
천하는 서비스는 아직 없다.

알리문학은 이와 별도로 웹 소설 콘텐츠를 위한 '온라인 알리문
학阿里文学网(www.aliwx.com.cn)'을 운영 중이다. 알리문학 CEO인 위
치엔宇乾은 최근 양질의 콘텐츠 창출을 위해 앞으로 2,000만 명의

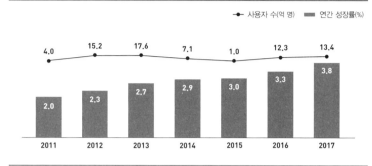

출처: 중국인터넷정보센터, 2018년 중국 인터넷 발전 현황 보고

작가를 지원할 예정이며, 현재 이미 12명의 유명 작가가 알리문학의 지원을 받고 있다고 밝혔다.◆ 또한 알리문학과 계약하는 것은 알리바바 생태계의 전 채널과 계약하는 것이라는 인센티브도 과감히 내세웠다.

텐센트에 비하면 알리바바는 이 분야에서 후발 주자이지만, 티몰 내 도서 전자상거래 플랫폼과의 시너지를 창출하고 앞으로 알리바바 생태계의 다양한 서비스와 온라인 독서 시장을 융합한다면 전자책 시장에서도 시장점유율을 확대해나갈 수 있을 것이다.

---

◆ "2018년은 준비 단계, 2019년은 수확 철. 알리문학은 어디에서 성과를 거둘 것인가?", 바이두 뉴스, 2018. 12

알리바바의 상하이 무인결제 서점 모습.

앞서 이야기했듯이 전자책 콘텐츠는 드라마, 게임 등 다른 분야에 파급력이 상당하므로 알리바바가 절대 포기할 수 없는 시장이다. 2017년 기준 알리문학은 사용자 기준으로 시장점유율 2.3%였다. 2018년 4월 알리문학은 상하이 푸단대 인근의 즈다슈디엔志达书店이라는 전통 서점을 알리바바식으로 업그레이드했다. 인공지능과 무인결제를 결합하고 '티몰 미래점'이라고 명명한 24시간 무인 스타트 서점으로 바꾼 것이다. 알리문학은 무인서점 외에도 전자책, AR(증강현실) 도서 분야에서 새로운 비즈니스의 장을 열겠다는 전략을 가지고 있다.

전자책 시장은 드라마, 게임, 오디오 콘텐츠까지 다양한 분야에 파급력을 행사하는 중요한 콘텐츠 공급원이기도 하다. 앞서 언급한 소설가 장웨이의 작품 도우루어다루斗罗大陆, 션인왕주어神印王座, 티엔훠다다오天火大道 등은 온라인 게임으로도 제작됐다. 현재 중국의 전자책 시장은 텐센트가 우위를 점하고 있으며, 후발 주자인 알리바바 또한 새로운 융합 서비스를 창출하며 시장점유율을 확대하기 위해 노력하고 있다.

# 온라인 게임

. . .

카카오 게임 '애니팡'을 다들 기억할 것이다. 2012년 출시된 게임인데 이용자 수가 3,000만 명에 달하는 공전의 히트를 기록했다. 당시 카카오톡 사용자라면 하트 한번 안 받아본 사람이 없다고 할 정도다. 당시 애니팡은 내 점수와 친구들의 점수를 비교해 보여주면서 사용자의 경쟁 심리를 자극하며 온 국민을 열풍에 빠뜨렸다.

## 30조 원 규모를 자랑하는 세계 최대 게임 시장 중국

중국의 카카오톡이라 할 수 있는 위챗도 비슷한 플랫폼을 제공하고 있다. 최근 공전의 히트를 기록한 텐센트의 '왕자영요<sub>王子荣耀</sub>'라는 게임을 즐기면 자동으로 나의 위챗 친구들 중 이 게임을 즐기는 친구들 순위가 떠 나와 비교할 수 있게 해준다. 또한 팀플레이를 할 수 있는 게임이라 위챗 친구들과 같이 게임을 해볼 수도 있다.

단, 시장의 규모는 한국과 엄청난 차이가 있다. 애니팡이 한국에서 2012년 3,000만 명의 사용자 및 1,000만 명의 일간 액티브 유저<sub>DAU, Daily Active Users</sub>를 확보했다면, 왕자영요는 출시한 시점인 2015년 중국에서만 2억 명의 사용자 및 5,000만 명의 DAU를 확보했다는 것이다. 왕자영요의 현재 중국 내 DAU는 8,000만 명에 달한다. 왕자영요는 세계로 수출되고 있으며 한국에서는 '펜타스톰'이라는

텐센트의 '왕자영요'는 공전의 히트를 기록하며 2015년 2억 명의 사용자와 5,000만 명의 일간 액티브 유저를 확보했다.

이름으로 서비스되고 있다. 출시 이후 2018년 8월까지의 글로벌 매출은 3.9조 원(약 35억 달러)에 달한다.

　게임 시장 전문 조사 업체 뉴주Newzoo에 따르면 2017년 전 세계 게임 시장 규모는 120조 원(약 1,089억 달러) 규모다. 이 중 중국이 30.3조 원(약 275억 달러)으로, 전 세계의 25%를 차지하는 규모 1위의 시장이다. 2017년 기준 글로벌 게임 업체 중 1위는 게임 부분 20조 원의 매출을 기록한 텐센트이며, 중국의 또 다른 게임 플랫폼 강자인 넷이즈는 6.1조 원의 매출로 글로벌 6위에 올랐다. 즉 중국 온라인 게임의 강자는 텐센트와 넷이즈이며, 이 두 기업과 비교할 때 알리바바의 게임 산업에 대한 영향력은 아주 미미한 상황이다.

## 알리게임으로 게임 시장에 뛰어든 알리바바

알리바바의 마윈 회장은 사회적으로 유해한 사업은 하지 않겠다는 사명감을 가지고 있고, 한때 그의 아들이 게임중독에 빠져 학교생활에 문제가 된 적도 있었다. 이런 까닭에 2008년 그는 굶어 죽는 한이 있어도 아이들의 장래에 해악이 되는 게임은 만들지 않겠다고 한 바 있다. 하지만 마윈의 생각도 이제 바뀐 것으로 보인다.

2017년 9월 알리바바는 중국 게임 업체 이조이EJOY를 인수한 후 알리게임阿里游戏이라는 게임사업부를 신설했고 게임 사업을 본격적으로 추진하고 있다. 현재 알리페이 앱에 들어가면 게임센터라는 서브 앱으로 들어갈 수 있고 모바일 게임 다운로드 및 아이템 거래까지 가능하도록 만들어놓았다.

2017년 12월 알리게임은 타오바오 앱 기반의 미니 프로그램인 '뤼싱칭와旅行青蛙(여행하는 청개구리)'의 판권을 사들여 출시했다. 게임의 주인공인 청개구리는 이용자의 특별한 명령이나 지시 없이 마음대로 여행을 떠났다가 예고 없이 돌아오도록 자동 설정되어 있다. 유저들은 게임을 시작하면서 개구리에게 이름을 지어주고, 여행을 떠나기 전 도시락, 부적, 소지품 등을 챙겨주게 되어 있다.

이 같은 게임 진행은 수많은 중국 젊은이들의 감성을 건드리면서 치열한 경쟁에서 벗어나 편안한 일상을 생각하게 만들었다. 뤼싱칭와는 출시 1개월 만에 매일 평균 40만 건의 다운로드 수를 올

출처: 티오바오

난이도도 자극도 없지만 편안한 감성을 제공해
히트한 게임 '뤼싱칭와'.

자료: 알리페이 게임센터

알리게임에서 제작한 게임 '무동건곤'.

리며 중국 앱 스토어 무료 게임 1위, DAU 800만 명을 달성했다.

이처럼 '난이도도 자극도 없는' 이 게임이 인기를 끈 이유는 무엇일까? 업계 관계자들은 유저들에게 일종의 모성 본능을 자극한 것으로 보인다고 말했다. 여행을 떠난 개구리가 불시에 집에 돌아오거나, 여행 중인 개구리가 보내온 엽서 등은 자식을 멀리 떠나보낸 후 가슴을 졸이는 어머니의 모습을 이입하게 만든다는 것이다. 덕분에 '뤼싱칭와'는 개발지인 일본보다 중국에서 더 큰 히트를 기록했다. 이 게임은 음악, 콘텐츠, 영상이 총망라된 하나의 종합예술이라고도 할 수 있다.

또한 알리게임은 인기 온라인 소설인 '무동건곤武动乾坤'의 게임화에도 투자했다. 몰락한 집안을 일으키려는 소년이 무림 파벌들과 얽힌다는 스토리를 기반으로 한 스마트폰 전용 3D판타지 게임이다. 시원시원한 액션이 인상적이며, 2018년에는 980억 원을 들여 TV 드라마로도 제작했다. 동영상·음악·디지털 콘텐츠에 대한 투자를 지속하는 알리바바 입장에서는 게임 사업이 앞으로 지속해야 할 사업 중의 하나이며, 이 임무를 알리게임이 수행하고 있다.

## 중국 정부의 게임 규제와 e스포츠 시장

최근 중국 정부의 규제 조치 발표는 급성장하는 게임 산업에 찬물을 끼얹기도 했다. 2018년 8월 30일 중국 정부는 교육부와 국가위

생보건위원회 등 8개 부처의 공동명의로 '아동·청소년 근시 예방 종합 방안综合防控儿童青少年近视实施方案'을 발표했다. 2030년까지 6세 아동의 근시율을 3%까지 떨어뜨리겠다는 목표를 천명한 것으로 부처별 실행 계획과 운영 규칙 등이 포함됐다. 이 중 게임 판호◆ 업무를 담당하는 공산당 중앙선전부가 온라인 게임의 총량 제한과 미성년자 이용 시간 제한 등의 규제를 담당하기로 해 중국 내 텐센트 및 넷이즈 등 주요 게임 업체에 악재로 작용했다. 또한 2018년 게임 심의 및 규제 당국이 국무원 신문출판총서에서 공산당 중앙선전부로 이관되면서, 2018년 4월부터 12월까지 게임 판호가 하나도 발급되지 않았다. 그 여파로 중국 게임 사업은 더욱 위축되었고 텐센트의 주가는 폭락했다.

중국공산당 기관지 〈인민일보〉는 2017년 7월 40시간 연속 모바일 게임을 하던 청소년의 사망 사건 직후 '게임은 10대의 독'이라고 강력히 비판했는데 이는 중국 정부의 게임에 대한 시각을 단적으로 보여준다. 이에 맞춰 텐센트는 자사의 인기 게임인 왕자영요에 미성년자 게임 시간을 제한하는 조치를 취했고, 금융사 수준에 상응하는 강력한 실명제를 도입하기로 했다.

게임 사업에 대해 이런 규제 조치가 취해졌음에도 중국 정부는

---

◆ 중국에서 게임을 출시하기 위해 반드시 거쳐야 하는 정부의 허가 절차.

이율배반적으로 여전히 중국 게임 업체의 해외 진출에는 적극적이며 e스포츠도 적극 활성화하고 있다. 2018년 8월에 개최된 자카르타·팔렘방 아시안 게임에서 e스포츠가 시범 종목으로 채택됐으며, 중국은 금메달 2개와 은메달 2개로 한국의 금메달 1개와 은메달 1개보다 더 좋은 성적을 거두었다. 또한 e스포츠는 2022년 항저우 아시안 게임에서 정식 종목으로 채택될 예정이다.

2018년 초 중국산업연구원中商产业研究院이 발표한 '2018～2023년 중국 e스포츠 시장 전망 및 투자 연구보고서2018-2023年中国电子竞技行业市场前景及投资机会研究报告'에 따르면, 2017년 중국 e스포츠 참여자는 2억 7,000만 명, 시장 규모는 655억 위안(약 11.1조 원)이었다. 그리고 2018년에는 시장 규모가 3억 1,000만 명, 863억 위안(약 14.7조 원)에 도달할 것으로 예상됐다. 즉, e스포츠가 향후 중국 게임 시장의 성장을 지켜낼 수 있는 키가 되리라는 뜻이다.

게임 사업과 관련하여 알리바바는 알리스포츠라는 자회사를 통해 e스포츠 사업을 적극적으로 육성하고 있으며, 아시안 게임의 정식 종목 채택에 이어 2028년 올림픽에 e스포츠를 정식 종목으로 등재시키는 계획을 추진 중이다. e스포츠는 이미 게임 시합 및 대회 개최 관련 마케팅 사업을 통해 새로운 시장으로 급성장하고 있다. 1990년대 및 2000년대에 태어난 이들이 어려서부터 실제 스포츠보다는 디지털 기기로 게임과 친숙해져 있다는 것을 고려할 때

베이징에서 열린 리그오브레전드 세계 챔피언십 결승전. 한국 팀만 진출했음에도 불구하고 4만 명의 중국 관중이 몰렸다.

앞으로 지속적인 고성장이 예상된다. FC 바르셀로나가 2018년 e 스포츠팀을 출범시킬 정도이니, 앞으로 e스포츠 시장은 실제 스포츠와 결합하여 상당한 시너지를 창출할 것이다.

2017년 11월 4일 베이징에서 열린 리그오브레전드ᴸᴼᴸ 세계 챔피언십 결승전에는 의외의 인파가 몰렸다. 결승전이 한국 팀 간의 대결이었음에도 4만 명의 중국 관중이 객석을 가득 채운 것이다. 중국의 e스포츠 열풍이 느껴지는 대목이다. 중국 게임 시장에서 한참 뒤처져 있는 알리바바가 e스포츠 시장에서 자신들의 사업과 융합할 수 있는 새로운 모델을 창출한다면, 게임 시장에서도 시장의 구도를 바꿀 만한 계기를 마련할 수 있지 않을까 기대해본다.

★ ★ ★

Chapter 3

# 알리바바의
# 미래

★ ★ ★

# 글로벌 기술혁신의 주체,
# 중국 그리고 알리바바

## 중국 클라우드의 최강자, 알리바바클라우드

• • •

서버 2대를 두고 최대 접속자 1만 명의 용량으로 고객의 요구를 처리하는 온라인 플랫폼 회사가 있다고 가정해보자. 만약 대규모 판촉마케팅을 진행하여 10만 명의 고객이 동시에 접속할 가능성이 있다면 이 회사는 서버를 20대로 늘려야 할 것이다. 하지만 1년 내내 접속자가 드물다가 한 번 정도만 10만 명이 접속한다고 하면, 서버 18대는 1년 내내 쉬고 있다가 한 번 정도 쓰일 뿐이다. 이렇게 된다면 심각한 자원 낭비가 아닐 수 없다. 이 가상 시나리오가 아마존에서는 현실이다.

아마존의 제프 베이조스는 자사의 컴퓨터 자원이 1년에 한두 번 발생할 수 있는 최대 접속자 수를 가정하여 운영되기에 평소 싱딩한 자원이 낭비된다는 것을 알고, 남는 서버 자원을 임대하는 사업을 개발했다. 이것이 2006년 퍼블릭 클라우드 서비스인 AWS를 출시하게 된 계기다. 클라우드 서비스는 획기적인 서비스다. 클릭 몇 번으로 서버를 증설하거나 축소할 수 있기 때문에 서버 관리자는 트래픽 현황을 보면서 몇 분 만에 원하는 만큼 증설할 수 있다. 더욱이 비용은 이용한 만큼 지급하면 되니 기업 입장에서는 비용을 최적화할 수 있는 구조다. 서버 증설이 실제 서버 설치라는 관념을 완전히 바꿔놓으면서 기업들의 IT 비용을 대폭 절감해주었다.

클라우드 서비스가 기업의 비용 절감이라는 혁신을 가져온 건 확실하다. 그런데 더욱 중요한 사실은 기업이 IT 인프라에 많은 비용을 지출하지 않아도 된다는 것이다. 그 덕에 많은 스타트업 기업이 창업하여 활동할 수 있는 환경이 마련됐다. 수많은 IT 스타트업 기업의 새로운 서비스가 이런 클라우드 서비스의 제공으로 가능해졌다.

이 외에도 아마존은 남는 컴퓨팅 자원을 활용해 알렉사라는 인공지능 비서를 개발했으며, 이를 에코라는 인공지능 스피커를 통해 보급하고 있다. 만약 클라우드 서비스라는 개념이 존재하지 않았다면 유휴 컴퓨팅 자원의 활용을 고려하기가 힘들었을 것이고 알렉사도 출현하지 못했을 것이다. 종합해보면 클라우드 서비스가 4차 산업혁명을 가능케 한 중요 요소 중 하나라는 것이다.

## 알리바바클라우드의 경쟁력

알리바바클라우드는 2009년 공식 서비스를 시작했다. 2017년 알리바바클라우드의 매출은 1,353억 위안(약 2.3조 원)으로 전년 대비 101% 성장이라는 놀라운 성과를 거뒀다. 17.5억 달러(약 16조 원)의 매출을 기록한 아마존의 AWS와 비교할 때 글로벌 시장에서는 아직 뒤처져 있지만 중국 및 중동, 동남아를 중심으로 급격히 성장하고 있다. 현재는 아마존의 AWS, MS의 애저Azure에 이어 글로벌 3위의 사업 규모다. 더욱이 중국 클라우드 시장에서는 외국 기업이 헤쳐나가기 힘든 매서운 규제 덕에 시장점유율 40%를 기록하며 압도적 1위를 유지하고 있다.

알리바바클라우드의 경쟁력은 크게 세 가지로 볼 수 있다.

첫째 외국 업체가 중국 내에서 인터넷 서비스 사업을 하기 위해 확보해야 하는 ICPInternet Contents Provider라는 허가를 정부가 지원해준다는 점이다. 중국에서는 모든 웹페이지와 인터넷 콘텐츠를 정부가 관리하므로 ICP 허가를 확보하지 못한 회사는 홈페이지나 모바일 앱을 공식적으로 출시할 수 없다. 이는 한국 기업들이 중국에 진출할 때 꼭 염두에 둬야 할 점이다.

둘째, 전자상거래 및 자사 생태계 플랫폼들에서 이미 검증된 중국만의 빅데이터 서비스를 클라우드 서비스로 제공하고 있다는 점이다. 알리바바클라우드의 중국어 플랫폼으로 접속하면 인터내셔

알리바바클라우드 홈페이지인 'Why Aibaba Cloud?'.

널 플랫폼보다 더 많은 서비스와 솔루션이 제공되며 빅데이터, 인
공지능의 부가 서비스도 제공된다.

셋째, 글로벌 시장에서 쉽게 찾아볼 수 없는 엄청난 데이터 처리
실적을 보유하고 있다는 점이다. 이를 통해 매우 안정적인 서비스
를 제공할 수 있음을 입증했다. 알리바바는 2017년 중국판 블랙프
라이데이인 광군절에 하루 매출 1,682억 위안(약 27.4조 원)의 거래
를 진행했으며, 당일 알리바바클라우드를 통해 초당 32만 5,000건
의 주문과 25만 6,000건의 지급결제를 순탄하게 처리했다. 2018년
광군절 행사에서는 하루 매출 2,135억 위안(약 34.8조 원)을 기록했
으며, 이때 역시 알리바바클라우드가 엄청난 양의 거래를 안정적
으로 처리하도록 해주었다.

알리바바는 매년 10월 '윈치대회'라는 클라우드 개발자 회의를 개최한다. 2017년 윈치대회의 키워드는 '비천지능飛天智能', 즉 '하늘을 나는 인공지능'이었다. 알리바바클라우드는 2~3년 내에 글로벌 2위 클라우드 플랫폼인 MS의 Azure를 누르겠다는 야심을 드러냈다.

이를 위해 마윈은 앞으로 3년간 17조 원을 투자하여 인공지능 및 첨단 기술을 연구하는 다모아카데미를 설립하여 운영하겠다는 계획을 밝히기도 했다. 마윈은 다모아카데미가 미래 문제를 해결하는 데 기여하는 기술을 개발할 것이며, 이를 통해 알리바바가 중국은 물론 세계의 혁신을 이끄는 엔진이 될 것이라고 이야기했다. 중국은 이제 더는 신기술의 변방이 아니다. 글로벌 기술혁신을 이끄는 변화의 주체다.

## 알리바바 생태계에 접속하는 관문 알리바바클라우드

알리바바클라우드는 컴퓨팅 자원을 활용한 인공지능 기술을 통해 2016년부터 중국 항저우에서 '도시두뇌'라는 스마트시티 프로젝트를 진행하고 있다. 이 프로젝트의 백미는 교통관제다. 알리바바의 지도 서비스인 가오더지도와 차량 흐름을 연계하여 교통량을 빅데이터로 분석함으로써 현재 교통 상황을 파악한다. 그리고 5분 후, 10분 후의 교통 상황을 예측하고 신호등을 통제하여 교통을 더 원

항저우 도시두뇌 시스템 화면.

활하게 해준다.

　알리바바는 중국에서 압도적인 서비스를 제공할 수 있기에 중국에 진출하고자 하는 기업이라면 알리바바클라우드의 활용을 우선 고려할 수밖에 없다. 중국에서는 알리바바클라우드를 쓰면 알리바바 생태계 내 플랫폼 시스템과 연동할 수 있다. 거대한 알리바바 생태계 플랫폼들을 자신의 비즈니스에 활용할 수 있는 것이다.

　또한 알리바바클라우드는 중국 시장 외에도 글로벌 업체 중 유일하게 데이터 센터를 운영 중인 중동, 동남아 화교 네트워크를 바탕으로 한 인도네시아, 말레이시아에서 압도적인 시장 우위를 점하고 있다. 한국 기업들이 중국 시장에 진출할 때 알리바바클라우드 서비스를 활용하는 것이 최상의 선택이듯, 앞으로 중동·인도네시아·말레이시아 시장에 진출할 때도 경쟁력 있는 파트너로서 알리바바클라우드를 활용할 수 있다.

클라우드는 데이터 농사를 지어 수확할 수 있는 토지와 같다. 거대한 토지를 확보하고 비즈니스를 잘할 수 있는 비옥한 환경을 만들어놓는다면 소작농(기업)들이 열심히 데이터 농사를 지을 것이다. AWS가 아마존의 큰 수익원인 반면 알리바바클라우드는 아직 수익을 내지 못하고 있다. 그렇지만 알리바바는 글로벌 클라우드

| 순위 | 기업명 | 기업가치(조원) | 산업 | 설립연도 | 소재지 |
|------|--------|----------------|------|----------|--------|
| 1 | 앤트파이낸셜 | 83 | 인터넷금융 | 2014 | 항저우 |
| 2 | 디디추싱 | 62 | 교통 | 2012 | 베이징 |
| 3 | 샤오미 | 51 | 스마트 소프트웨어 | 2010 | 베이징 |
| 4 | 알리바바클라우드 | 43 | 클라우드 | 2009 | 항저우 |
| 5 | 메이투안 | 33 | 이커머스 | 2010 | 베이징 |
| 6 | 닝더스다이(宁德时代) | 22 | 전기배터리 | 2011 | 닝더 |
| 7 | 토우탸오 | 22 | 미디어 | 2012 | 베이징 |
| 8 | 차이냐오네트워크 | 22 | 물류 | 2013 | 선전 |
| 9 | 루진수오(陆金所) | 20 | 인터넷금융 | 2011 | 상하이 |
| 10 | 지예따이바오(借贷宝) | 12 | 인터넷금융 | 2014 | 베이징 |

중국 10대 유니콘 기업(2017년)

출처: 중국 과기부

시장을 확장하기 위해 더욱더 공격적인 행보를 보일 계획이다.

시장조사 기관 가트너Gartner에 따르면 중국의 2018년 클라우드 시장 규모는 207조 원(약 1,864억 달러)이고, 2020년에는 336조 원(약 302.5억 달러)에 이를 것으로 예상된다. 알리바바클라우드는 중국 과기부 선정 5대 유니콘 기업 중의 하나로 4위를 기록했으며, 2017년 기준 기업가치는 43조 원(약 390억 달러)에 달했다. 현재 사업 현황 및 향후 전략을 고려할 때, 상장이 된다면 유망 투자 종목이 될 것이다.

## 의료 및 헬스케어 산업

### • • •

### 알리바바의 2H 전략

중국에 와서 살면서 결제 시스템을 보면 '이렇게 잘할 수가!'라고 절로 감탄하게 된다. 그러나 한국보다 훨씬 못하는 분야가 있는데, 바로 의료 서비스 분야다. 2018년 상반기에 〈나는 약신이 아니다〉라는 영화가 크게 히트했다. 주요 내용은 수입 약값이 너무 비싸 백혈병 환자들이 짝퉁 약을 사 먹을 수밖에 없는 상황에서 주인공이 짝퉁 약을 공급한다는 이야기다. 이 영화는 허울뿐인 의료보험과 높은 병원 문턱, 폭리를 취하는 다국적 제약사 및 이들과 유착된 의

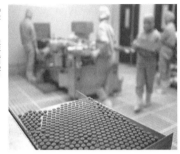

출처: 263 건강네트워크

가짜 백신 사태로 철퇴를 맞은
장춘 장성바이오.

출처: 베이징 진시 문화사

중국 의료현실을 반영한 픽션 영화,
〈나는 약신이 아니다〉.

사와 의료 당국, 그 사이를 파고들어 짝퉁 약을 파는 사기꾼 약장수 등 중국의 의료 현실을 신랄하게 풍자하며 관심을 모았다.

공교롭게도, 얼마 지나지 않아서 35만 명의 영유아가 접종했다는 DPT(디프테리아, 백일해, 파상풍) 백신이 가짜라는 사실이 알려져 중국 사회가 발칵 뒤집혔다. 시진핑 1인 체제를 공고히 하고 미국과 무역전쟁을 하고 있는 외중에 발생한지라 중국 정부에서는 민심의 동요에 매우 민감할 수밖에 없었다. 아직도 중국인들은 자국산 먹거리와 화장품, 의약품에 불신을 가지고 있다. 특히 몇 년 전 발생한 가짜 분유 파동 이후로 자국산 분유는 잘 신뢰하지 않는다.

문제가 있는 곳에는 해결책이 있기 마련이다. 그 대표적인 혁신 기업이 바로 알리바바인데, 알리페이를 통해 이미 중국인들의 삶의 수준을 업그레이드해서 상당한 신뢰와 지지를 받고 있다. 마윈 회장은 앞으로 중국인들에게 2H, 즉 행복Happiness과 건강Health이 중요해질 것이라고 했다. 나는 이것을 알리바바가 앞으로 엔터테인먼트 산업과 의료 산업의 혁신을 통해서 중국의 수준을 한 단계 끌어올리겠다는 선언으로 본다. 우연인지 몰라도 〈나는 약신이 아니다〉라는 영화는 알리바바픽처스가 투자하여 처음으로 대박을 낸 작품이다.

단기적으로 본다면, 알리바바는 의료 서비스의 전체 공급망을 인터넷과 접목하여 서비스의 편의를 제공할 것이다. 예상 시나리오는 다음과 같다.

1. 알리페이의 의료건강 서비스에서 사전에 원하는 병원과 의사를 선택하고 진료 시간을 예약한다.
2. 병원에 도착하면 모바일로 예약 정보를 체크한 후 진찰을 받는다.
3. 진찰이 끝나면 알리페이를 통해서 의료비를 지급하고, 처방

알리페이 앱 내 의료건강 서비스 메뉴.
하루의 컨디션을 체크하거나 의료 정보를
얻을 수 있다.

약을 받는다.

4. 진료 기록 역시 모바일로 체크하고, 의료 서비스에 대한 평가
   를 한다.

5. 다른 환자들도 해당 병원의 의료 서비스 평가 결과를 조회해
   볼 수 있다.

이 절차는 이미 알리페이에 구현되어 있고, 이제 막 서비스를 시
작했다. 이미 90%의 병원이 이 플랫폼에 등록되어 있다. 병원에
가서 제일 싫은 것이 긴 대기 시간과 의료비 지급 방법인데, 이런 불
편함을 상당히 줄여줄 것으로 보인다. 또한 의료 서비스에 대한 데
이터가 쌓이면 이를 서비스 평가 점수로도 활용할 수 있을 것이다.

## 미래의 의료 서비스

장기적으로 본다면, 미래의 의료 서비스는 병이 난 후에 치료하는 것에서 사전에 예방하는 쪽으로 바뀔 것이다. 의료 서비스에 유전자 분석 및 빅데이터 기술이 결합하여 모든 환자에게 동일한 방식으로 치료하던 방식에서 개별 환자에게 맞춤치료를 하는 시대로 이동하고 있다.

과거에는 DNA를 분석하려면 수백만 달러가 들기 때문에 일반인은 엄두도 내지 못했다. 2013년에 할리우드 영화배우인 앤젤리나 졸리가 유방을 절제했는데, 유전자 분석 결과 유방암에 걸릴 확률이 매우 높았기 때문이라고 한다. 인터뷰 당시 졸리는 자신은 돈이 있어서 이런 수술을 받지만 일반인은 어려울 거라고 말하기도 했다. 하지만 지금은 100달러대까지 떨어졌기 때문에 미국의 괜찮은 기업들은 직원들의 건강검진 서비스 항목에 유전자 분석을 포함시키기도 한다. 이를 통해 암이나 유전병 가능성을 사전에 포착하면 적절한 치료를 받을 수 있다.

《사피엔스》와 《호모데우스》라는 책으로 유명한 유발 하라리 교수는 인간은 곧 유전자 알고리듬이기에 해킹의 대상이 될 수 있다고 주장했다. 〈공각기동대〉라는 영화를 보면 실제로 인간의 뇌가 해킹을 당하는 장면이 나오는데, 인공지능과 빅데이터 기술의 발달로 이런 일들이 현실화될 가능성이 커졌다. 하라리 교수는 데이

유전자 분석 치료를 받은 앤젤리나 졸리와 인간은 유전자 알고리듬으로 구성된다고
보는 《사피엔스》 저자 유발 하라리 교수.

터가 가장 강력하고 가치 있는 자원이 되어가고, 이런 데이터를 점
점 더 소수의 슈퍼 엘리트가 독점하게 될 것으로 보고 있다. 결국
일반인은 경제적으로 별로 쓸모없는 잉여인간으로 전락하게 되고,
슈퍼 엘리트들은 신체를 업그레이드하여 언젠가는 죽지 않는 존재
로까지 될 수 있다는 것이다.

물론 말도 안 되는 이야기로 치부할 수도 있지만, 이미 아마존이
나 알리바바 같은 글로벌 IT 기업이 이 분야에 뛰어들고 있기 때문
에 언젠가는 실현될지도 모른다. 특히 글로벌 전자상거래 기업이
의료 신업에 눈독을 들이고 있다. 그 이유는 개개인의 유전자를 인
공지능으로 분석하여 클라우드에 저장해두면 아플 때 인공지능 스

피커를 통해서 정보를 수집해 적절한 피드백을 줄 수 있기 때문이다. 처방 약이 필요한 경우에도 맞춤형 약을 조제하여 원하는 시간에 배송까지 할 수 있으므로 의료 산업 공급망 전체를 장악할 수 있다. 당연히 우리는 점점 더 데이터를 장악한 기업에 의존할 수밖에 없게 된다.

아마존은 의료 산업 진출을 선언하고 유전자 분석 회사인 그레일Grail에도 투자했다. 기존 사업 역량을 의료 산업과 결합하여 새로운 서비스를 제공하겠다는 계획이다. 아마존은 전자상거래, 물류, 인공지능 비서, 빅데이터 등을 가지고 있기 때문에 이것들이 결합된 서비스를 상상해볼 수 있다. 이런 서비스는 아마존뿐만 아니라 알리바바, 텐센트 역시 준비하고 있으며 곧 서비스를 시작하리라 본다.

## 유전자 조작과 철학적 질문

유전자를 조작하여 병을 치료하는 문제는 상당히 철학적인 질문을 던지게 한다. 아이가 태어나기 전에 병을 검사해보고 유전병이 있다면 누구나 사전에 치료하기를 원할 것이다. 그레일은 유전자 검사로 암을 분석하여 예방치료를 하는 회사인데 아마존과 텐센트 그리고 빌 게이츠 등으로부터 투자를 받았다. 그레일의 모기업인 일루미나Illumina 는 세계 1위의 유전체genom (유전자gene 와 염색체chromo-

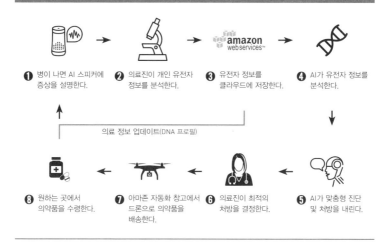

① 병이 나면 AI 스피커에 증상을 설명한다.

② 의료진이 개인 유전자 정보를 분석한다.

③ 유전자 정보를 클라우드에 저장한다.

④ AI가 유전자 정보를 분석한다.

의료 정보 업데이트(DNA 프로필)

⑧ 원하는 곳에서 의약품을 수령한다.

⑦ 아마존 자동화 창고에서 드론으로 의약품을 배송한다.

⑥ 의료진이 최적의 처방을 결정한다.

⑤ AI가 맞춤형 진단 및 처방을 내린다.

some의 합성어) 분석장비 회사다. 이미 세계적인 투자가들은 유전체 분석 및 예방치료 시장이 어마어마하게 커질 것으로 예상하고 있다. 알리바바 역시 중국 1위 유전체 분석 회사인 BGI华大基因에 투자했으며, 이 시장이 대중화될 날을 기다리고 있다.

하지만 유전체 분석 및 조작에는 상당한 우려도 있다. 만약 배 속에 있는 아이의 키를 조정하거나 머리카락 색을 바꾸는 것까지 허용한다면 어떻게 될까? 아마 요리를 하듯 맞춤형 아기를 낳게 될 것이고, 이는 부유한 사람들만의 특권이 될 가능성이 크다. 의료 서비스는 공공 서비스이며 우리는 의료 서비스 민영화를 꺼린다. 돈

알리바바가 투자한 유전체 분석 기업 BGI.

이 없어서 치료를 못 받고 죽는다고 생각해보라. 사회에 불만을 품지 않을 사람이 어디 있겠는가.

앞으로도 철학적인 논란이 지속되겠지만, 의료 산업은 IT 산업과 결합하여 의료 비용을 낮추고 보편적인 서비스를 제공하는 방향으로 갈 것이다. 의료 산업이 낙후된 중국은 전자결제처럼 퀀텀 점프quantum Jump, 즉 혁신을 통한 발전으로 다시 한번 도약할 가능성이 크다. 중국 정부는 인공지능을 핵심 전략 산업으로 보고 4개 영역을 선정했는데, 그중 하나가 의료 인공지능 분야다. 따라서 의료 산업이 국가 핵심 산업으로 떠오를 것이 확실하다. 투자자라면 앞으로 전통 의료 산업과 IT 산업이 결합되는 지점에서 좋은 기회를 찾을 수 있을 것이다.

# 인공지능과 사물인터넷으로
# 미래를 선점한다

## 인공지능 반도체

• • •

### 반도체의 종류

글로벌 반도체 기업의 매출 순위를 보면 인텔Intel, 삼성전자 같은 CPU(중앙연산처리장치)와 메모리반도체 회사가 선두를 지키고 있지만, NXP나 엔비디아 같은 자동차·인공지능용 반도체 회사들도 빠르게 성장하고 있으며 서로 경쟁하기 시작했다.

　PC 시대에는 인텔이 확고하게 1위를 유지하면서 CPU 시장을 독점했다. 하지만 인텔의 CPU는 막대한 양의 데이터 처리를 요구하는 기계학습machine learning과 인공지능 기반 응용 프로그램을 처리하는 데에는 적합하지 않다. 그래서 빅데이터, 3D 그래픽 데이터 처리처럼 고속병렬연산이 가능한 GPU(그래픽 연산 처리 장치) 칩이 떠오르면서 엔비디아가 인텔의 아성을 흔들고 있다. 두 회사는 소송

| 세계 반도체 회사 매출 순위(2017년) | | | |
|---|---|---|---|
| 순위 | 회사명 | 매출(조 원) | 국적 |
| 1 | 삼성전자 | 62 | 한국 |
| 2 | 인텔 | 61.4 | 미국 |
| 3 | SK하이닉스 | 26.6 | 한국 |
| 4 | 마이크론 테크놀로지 | 22.8 | 미국 |
| 5 | 브로드컴 | 17.4 | 미국 |
| 6 | 퀄컴 | 16.9 | 미국 |
| 7 | 텍사스 인스트루먼트 | 14.5 | 미국 |
| 8 | 도시바 | 11.7 | 일본 |
| 9 | NXP | 8.9 | 네덜란드 |
| 10 | 엔비디아 | 8.6 | 미국 |

| 국가별 반도체 매출 순위 | | | |
|---|---|---|---|
| 순위 | 국가 | 매출(백만 달러) | 매출점유율(%) |
| 1 | 미국 | 184,744 | 52.6 |
| 2 | 대한민국 | 60,209 | 17.1 |
| 3 | 일본 | 37,649 | 10.7 |
| 4 | 대만 | 17,437 | 5.0 |
| 5 | 중국(홍콩 포함) | 6,838 | 1.9 |

출처: IT월드

| CPU vs GPU | | |
|---|---|---|
| 구분 | CPU | GPU |
| 코어 수 | 1~8개 | 수백~수천 개 |
| 코어별 속도 | 빠름 | 느림 |
| 연산처리 방식 | 직렬처리방식 | 병렬처리방식 |
| 특징 | 직렬, 병렬처리를 모두 할 수 있지만 병렬처리 성능은 GPU보다 저조하다. | 많은 수의 코어를 탑재해 그래픽처리 등 병렬연산에 적합하다. GPU는 병렬연산만 할 수 있지만 CPU처럼 범용연산을 가능하게 구성한 GPGPU도 등장했다. |

전까지 가면서 치열하게 경쟁하고 있으며, 인텔의 CPU와 엔비디아의 GPU 간 전쟁은 아직도 진행형이다. 이처럼 효율성과 빠른 속도를 필두로 한 '특수 프로세서'의 개발은 회사의 크기를 막론하고 미국, 중국 등의 스타트업 기업에서도 진행되고 있다.

반도체의 종류와 회사들에 대해서 좀더 알아보자. 반도체는 크게 데이터를 보관하고 유지하는 데 필요한 메모리반도체와 컴퓨터를 제어하는 데 필요한 비메모리반도체(시스템 반도체)로 나눌 수 있다. 그리고 반도체 회사는 크게 팹리스fabless, 파운드리foundry, IDMIntegrated Device Manufacturer(종합 반도체)으로 나눌 수 있다. 이 분류는 자체 칩의 설계와 칩의 생산 여부에 따라 이뤄진다.

첫째, 팹리스는 자체 칩을 설계하지만 칩 생산을 위한 팹fab(공장)은 소유하고 있지 않은 회사다. 대표적인 곳이 퀄컴Qualcomm, ARM, 브로드컴Broadcom, 미디어텍Mediatek 등이다.

둘째, 파운드리는 팹리스에서 설계한 칩의 금형 디자인을 받아서 칩 생산만을 전문적으로 하는 회사다. 1위 파운드리 회사는 대만의 TSMC로, 파운드리 시장 50% 이상을 점유하고 있으며 칩 생산에 대한 오랜 노하우와 경험 그리고 이 분야의 우수한 엔지니어를 다수 확보하고 있다.

셋째, IDM은 팹리스처럼 자체 칩을 설계하면서 파운드리처럼 칩 생산을 함께 하는 회사다. 인텔, 삼성전자 등이 대표적이다.

## 미 · 중 무역전쟁의 핵심은 기술전쟁이다

3년 전 상하이로 와 중국어를 공부하면서 식당에서 밥을 먹을 때나 길거리를 걸을 때 '중국식 사회주의를 건설하여 중국몽(중국의 꿈)을 이루자'라는 표현을 자주 접했다. 중국은 제조 대국을 넘어 기술 강국이 되어서 미국을 추월하겠다는 거대함 꿈을 꾸고 있다. 어떤 사람들은 미국을 따라잡으려면 아직 멀었다고 하고, 어떤 사람들은 가능하다고 한다.

내가 중국에서 살면서 느낀 중국의 힘은 거대한 스케일, 그리고 정부 정책이 정해지면 모두가 일사불란하게 움직인다는 것이다. 민주주의 국가라면 이견을 조율하고 타협하는 것이 중요시되는데, 그 과정에서 비효율성이 생긴다는 것은 단점으로 볼 수도 있다. 역으로, 사회주의 국가에서는 조율과 타협은 부족한 반면 비효율성은 단기간에 극복할 수 있다. 중국 정부가 인공지능 최강 대국으로 올라서기 위해 4개 영역에서 각각 바이두(자율주행차), 아이플라이텍(음성인식 기술), 알리바바(스마트시티), 텐센트(스마트 의료)를 선정하고 슝안신구에 국가급 신도시를 개발하여 이 기업들을 적극적으로 지원한 것이 단적인 예다. 특히 슝안신구에서는 100% 자율주행차만 운행하는 것을 목표로 하고 있다. 5G, 사물인터넷, 빅데이터, 클라우드컴퓨팅 등 4차 산업 관련 기술이 총집결된 도시가 되리라는 것을 알 수 있다.

이런 중국의 기술굴기에 미국은 당연히 마음이 불편할 것이다. 그래서 2018년 초부터 트럼프가 계속해서 무역전쟁을 벌이고 있는데, 표면상으로는 상품의 관세를 올리는 것이지만 실제로는 중국의 4차 산업을 정조준하고 있다. 그 예가 중국 2위의 통신장비 업체인 ZTE 제재다. 미국 상무부는 ZTE가 대북 제재와 대이란 제재를 위반했다면서 7년간 미국 기입과 거래를 하지 못하게 했다. ZTE는 핵심 부품인 반도체 등을 미국에 크게 의존하고 있는데, 공급이 끊어지면 야심 차게 준비 중인 5G를 비롯하여 4차 산업이 영향을 받을 것이다. 중국은 4차 산업에서 다른 영역은 모두 미국을 따라잡고 있으나, 유독 반도체만큼은 너무 큰 격차를 보인다. 이 사건을 계기로 중국에서는 반도체 독자 기술을 외치며 대대적으로 투자하고 있다. 특히 BAT가 반도체 산업에도 주도적으로 뛰어들고 있다.

2017년 세계 반도체 시장의 판매 순위를 보면 삼성이 인텔을 꺾고 1위로 올라섰다. SK하이닉스 또한 D램의 판매 호조로 세계 3위를 기록해 전년도에 비해 순위가 올랐다. D램 수요의 증가로 삼성, SK하이닉스, 마이크론 모두 수혜를 입었다. 하지만 D램은 가격이 안정적이지 못하기 때문에 언제든 가격이 하락할 위험이 있다. 특히 중국 반도체 기업들이 2019년부터 양산을 시작할 예정이므로 그 영향도 고려해야 한다. 한국이 LCD에서 중국에 추월당했듯이, 반도체 산업에서도 이런 일이 발생할지 모른다. 따라서 메모리보다 가격 면에서 변동이 적고 시장 또한 지속적으로 성장하고 있는 시스템 반도체 분야의 경쟁력을 강화해야 한다.

## 중국의 반도체 기술굴기

중국은 아킬레스건인 반도체 산업을 극복하기 위해서 어떻게 준비하고 있을까? 미·중 무역분쟁이 일어난 후 마윈 회장은 중국의 반도체 제조사인 C-스카이C-SKY를 인수한다고 발표했다. 이는 중국이 자국산 반도체 생산에 얼마나 신경 쓰는지를 보여준다.

중국의 대표 IT 기업인 BAT가 반도체 산업에 투자한 현황을 정리하면 다음 표와 같다.

알리바바는 클라우드 기반의 IoT 플랫폼 사업자가 되기 위해서 반드시 반도체 기술력을 끌어올리고 싶어 한다. 그래서 안면인식 기술 기업인 센스타임商汤科技과 쾅스커지旷视科技(영어로는 Face++)에도 투자를 했고, 알리페이와 결합하여 안면인식 결제를 할 수 있도록 만들었다. 또한 다모위엔达摩院을 통해서 자체 신경망 칩인 ALI-NPU를 개발하여 이미지·영상 식별, 클라우드컴퓨팅 등의 인공지능 추론연산에 사용할 예정이다. 또한 내장형 CPU를 생산하는 C-스카이, ASIC(주면형 반도체)를 생산하는 베어풋네트워크Barefoot Network, 고성능 프로세서와 인공지능 칩을 만드는 캄브리콘 등에도 투자했다.

## BAT 반도체 투자 현황

| 구분 | 알리바바 | 바이두 | 텐센트 |
|---|---|---|---|
| **독자개발** | ALI-NP(신경망칩) | 두어OS,  XPU | 없음 |
| **투자** | C스카이(C-SKY),<br>캄브리콘(Cambricon),<br>베어풋네트워크(Barefoot Network),<br>ASR,  심검과기(深鉴科技)<br>크네론(Kneron) | 라이트인텔리전스(Lightelli-gence),<br>상하이한펑(上海汉枫) | 베어풋네트워크(Barefoot Network),<br>비트메인(比特大陆) |
| **공동 개발** | 없음 | ARM, 화웨이, 쯔광잔루이(紫光展锐), 한사령(赛思灵) | 없음 |
| **특징** | 연구소인 다모위엔을 통해서 신경망칩(ALI-NPU) 개발.<br>다양한 반도체 제조사에 투자 | 3사 중 독자개발에서 가장 앞서 있음. 다른 반도체사와 연합하여 개발 진행 | 일부 반도체 기업에 투자하여 진행 |

**투자 현황**

출처: 21세기 디지털 신문 실험실

알리바바는 데이터 기술 회사가 되어서 방대한 양의 데이터를 처리하고자 한다. 특히 알리바바는 도시 인프라 및 다양한 산업에 영향을 미치는 데이터를 처리하므로 국가 경쟁력과 직결된다. 마윈이 "독자 기술이 없는 것은 남의 밭에서 농사를 짓는 것"이라고 했듯이, 반도체 기술은 반드시 갖춰야만 한다. 2018년 알리바바는 C-스카이와 달마원 산하의 반도체연구소를 통합하여 핑터우거平头哥 반도체를 설립했다. 사물인터넷 시대의 도래를 대비하여 빅데이터, 자율주행차 등에 사용할 반도체를 생산하는 것이 목적이다.

바이두는 일찌감치 인공지능 분야에 뛰어들어 연구소를 운영하면서 두어OS, XPU 등 독자 칩을 개발했다. 두어OS는 바이두의 대화형 인공지능 운영체제인데 이를 위한 전용 칩을 개발한 것이다. 두어OS는 가전, 인공지능 스피커, 자율주행차 등 다양한 영역에서 폭넓게 활용할 수 있다. 또한 XPU라는 프로그래머블 반도체에 기반한 클라우드컴퓨팅 가속 칩을 만들어 대용량의 데이터 처리에 활용할 수 있도록 했다. 바이두 역시 ABC(AI, Big Data, Cloud Computing) 전략을 세우고 그 세 영역에서 선두를 달리고 있다.

앞으로 중국에서는 알리바바와 바이두가 인공지능, 빅데이터, 클라우드컴퓨팅 영역에서 양강구도를 형성할 것으로 본다. 미국에서 아마존과 구글이 경쟁하는 것과 비슷하다.

텐센트는 독자적으로 개발하지는 않지만, 인공지능 관련 회사에 투자를 많이 했다. 대표적으로 스마트 의료 기업인 아이카본 X$_{ICarbonX}$, 중국의 테슬라라고 불리는 전기차 업체 니오모터스$_{Nio}$ $_{Mortors}$ 등이 있다. 텐센트의 DNA가 '창조적 모방'이라고 이야기되 듯이 먼저 치고 나가는 선두 주자로서의 역할은 하지 못하고 있다. 최근에 텐센트 핵심 인력이 "텐센트는 꿈이 없다. 그저 투자 회사 로 전락했을 뿐이다"라는 글을 내부적으로 올려서 한바탕 소동이 일어난 적이 있는데, 사실 텐센트가 가진 문제점을 그대로 드러낸 것이다.

2017년 말 월스트리트 투자 분석가들을 대상으로 한 CB인사이 츠$_{CB\ Insights}$ 조사에서 알리바바가 1위, 바이두가 8위로 10위권에 든 반면 텐센트는 16위를 기록했다. 그만큼 혁신이라는 측면에서 텐센트가 두 회사에 뒤처진다는 평가다.

## 인공지능, 빅데이터, IoT 플랫폼

• • •

### 중국의 인공지능 기술

2016년에 이뤄진 이세돌과 알파고의 반상 대결을 기억할 것이다. 이세돌은 다섯 번의 대국에서 한 번밖에 이기시 못했다. 그 대결은 지금까지 인간이 절대적으로 우위에 있다고 여겨져 온 바둑까지 인공지능에 넘겨줌으로써 인공지능의 능력을 만천하에 알리는 계기가 됐다. 알파고는 딥러닝deep learning에 기반한 인공지능 시스템으로, 현재 인공지능의 핵심 기술은 딥러닝이라 할 수 있다. 딥러닝은 인공지능이 인간의 뇌와 같은 인공신경망을 활용해 데이터를 통계적으로 분석하여 결론을 도출해내는 모델을 의미한다. 딥러닝 기반의 인공지능을 더욱 똑똑하게 만들려면 수많은 데이터가 필요하다. 이는 마치 인간이 방대한 학습을 통해서 지능이 고도화되는 것과 같다.

전 세계에서 가장 방대한 데이터를 손쉽게 확보할 수 있는 국가는 바로 중국이다. 현재 중국은 전자상거래의 급성장으로 온라인상에서 제품 구매 및 서비스 이용이 활발히 진행되면서 수많은 구매정보가 축적되고 있다. 또한 온·오프라인 거래에 모바일 결제가 활성화되어 거의 모든 결제정보가 시스템에 잡히고 있다. 더욱이 개인정보 보호 수준이 낮아 많은 데이터가 플랫폼들의 통계적인 분석과 예측에 활용되고 있다.

중국은 공산당 일당 독재의 사회주의 국가로서 통제의 메커니즘이 작동하기에 엄청난 양의 개인정보가 국가의 관리하에 있다. 일례로 중국의 신분증에는 이미 칩이 내장되어 있다. 한국에서는 관공서나 은행에 갔을 때 신분증 번호를 입력해 신분을 검색하지만, 중국에서는 지하철 카드를 대듯 단말기에 신분증을 대기만 하면

인식이 끝난다. 또한 비행기를 탈 때뿐만 아니라 기차를 탈 때도 신분증을 제시하고 등록해야 한다. 신분증을 제시해야 하는 포인트가 많고 신분증 인식이 쉬워질수록 국가는 국민이 어디로 가는지, 무엇을 하는지 등의 데이터를 손쉽게 확보할 수 있다.

중국은 신분증에 단순 칩을 넘어 RFID 칩을 내장하는 것을 테스트 중이다. 앞으로는 단말기에 신분증을 댈 필요도 없이 신분증을 소지한 채 지나가기만 하면 자동으로 신분 검색이 될 것이다. 또한 중국은 전국에 CCTV망을 촘촘히 깔아 안면인식으로 개개인의 신분을 검색하는 프로젝트도 진행 중이다. 앞으로는 범죄자의 색출도 아주 쉬워질 것이다.

반면 서방 세계나 한국은 사생활 및 개인정보 보호를 중시하며 개인정보를 무단으로 활용하는 것이 엄격하게 금지되어 있다. 인간의 존엄성을 지킨다는 측면에서는 중요한 문제이지만, 인공지능을 위한 데이터 확보 측면에서는 중국보다 여건이 뒤처질 수밖에 없다. 개개인의 인권을 중요시하고 사생활을 보호하려는 정책이 데이터를 확보하는 데 걸림돌이 되고, 상대적으로 인권 및 사생활이 덜 중요시되는 사회에서 데이터를 손쉽게 확보하여 인공지능 기술이 가장 먼저 안착하는 곳이 될 거라니 참으로 아이러니한 일이다.

알리바바는 이처럼 데이터 확보에 친화적인 환경에서 방대한 빅데이터를 축적하고 분석하고 있으며, 이를 생태계 내 플랫폼에 활용하고 있다. 사실 중국에서 경제 활동을 하는 거의 모든 사람이 알리페이 계정 하나쯤은 가지고 있다고 봐야 하는데, 알리페이 결제 데이터를 통해 내가 어디를 갔고 어떤 소비를 했는지가 다 데이터로 잡히게 된다. 또한 그들은 나의 소비 패턴과 금액을 잘 분석하여 신용평가까지 만들어낸다.

이런 데이터를 잘 분석해낸다면, 더 나아가 인공지능이 이 빅데이터를 잘 활용한다면 다양한 서비스와 연계되면서 또 다른 부가가치가 창출될 것이다. 앞으로는 내가 물건을 구매하거나 서비스를 이용하길 기다리는 게 아니라, 인공지능이 나에게 "지금 구매하지 않겠어?", "오늘 이용하지 않을래?"라고 물어올 것이다. 여기에서 왜 알리바바가 그토록 알리바바클라우드를 중국을 뛰어넘는 글로벌 클라우드 서비스 플랫폼으로 성장시키려 하는지, 왜 인공지능 칩을 자체 개발하겠다고 할 만큼 인공지능 기술의 개발에 열을 올리고 있는지 다시 한번 확인할 수 있다.

2015년 3월 하노버 박람회장에서 알리바바의 마윈 회장은 자사 몰에서 제품을 구매하고, 안면인식을 통해 결제하고, 독일까지 배송 주문을 넣는 멋진 장면을 연출했다. 이 안면인식 기술은 알리바바가 투자한 쾅스커지에서 개발했는데 이 회사는 중국 공안에도 기술을 제공하여 안면인식을 통한 범죄자 색출을 돕고 있다. 안면

출처: 차이나 인터넷 뉴스

하노버 박람회장에서 직접 안면인식 결제를 시연한 마윈.

출처: 쾅스커지

출처: 소후닷컴

쾅스커지에서 개발한 안면인식
기술은 범죄자 색출에도
도움이 되고 있다.

인식으로 개개인을 완벽히 인식할 수 있다면 공상과학 영화에서나 볼 수 있었던 것과 같이 국가가 CCTV 및 카메라로 세상을 통제하게 될 것이다. 신분이 얼굴로 증명될 것이기에 거래에 대한 결제도 안면인식으로 가능해질 것이다. 쾅스커지는 중국 내 유망 유니콘 기업 중의 하나이며 미래 시장에서 큰 잠재력을 가지고 있으므로 상장 시 주목할 필요가 있다.

## 스마트홈 사물인터넷, 티몰지니

알리바바는 아마존의 알렉사와 같은 인공지능 스피커인 티몰지니를 2017년 7월 출시했다. 출시 당시에는 음성으로 날씨나 뉴스 등의 정보를 제공하고, 음악을 들을 수 있게 해주며, 전자상거래 플랫폼에서 기본적인 거래를 가능케 하는 수준이었다. 하지만 최초 제품 출시 1년 후인 2018년 6월, 상하이에서 개최된 CES 아시아 박람회에서는 티몰지니 스피커를 중심으로 가전이 연결되는 스마트홈 기능을 선보였다. 알리바바는 유수 가전 협력사들과 함께 티몰지니 기반의 음성인식 가전을 만들기 위해 티몰지니 인공지능 연맹을 발족했음을 밝히면서 스마트홈 사물인터넷 시장에 본격적으로 진출했음을 알렸다.

알리바바의 복안은 아마존의 알렉사처럼 인공지능 스피커를 활용하여 사람들의 가전 기기 활용 및 온라인 구매 습관을 바꾸려는 것이다. 음성으로 필요한 물건을 구매할 수 있으며, 음악도 들을 수 있고, 전등도 켜고 끌 수 있고, 가전도 조작할 수 있다. 요리하다가 모르는 게 있으면 물어볼 수도 있다. 중국 한자가 타이핑하기에 용이한 문자가 아니라는 것을 고려할 때 음성인식 기반의 기술이 중국에서는 꽤 성공적으로 받아들여질 것이다. 중국 최대 SNS 플랫폼인 텐센트의 위챗에는 초기부터 문자 대신 간단한 문장을 녹음해 전달하는 기능이 있었고, 중국인들은 이 기능을 여전히 유용하게 쓰고 있다. 복잡하게 한자를 입력할 필요가 없으니 말이다.

알리바바가 현재는 집을 타깃으로 하여 스마트홈 기능을 구현하는 것을 목표로 하지만, 만약 음성인식 기능을 지급결제에 활용할 수 있게 된다면 또 한 차례의 패러다임 전환이 일어날 것이다. 미래에는 안면인식 및 음성인식을 통해 신분을 확인하고 결제도 하게 될 것이다. 이 미래 지향적 기술의 정점을 향해 알리바바는 수많은 개발 인력을 투입하고 관련 기술을 보유한 회사에 투자하면서 기술 개발에 박차를 가하고 있다.

사람들이 집에 티몰지니를 하나 정도씩 가지게 된다면 이 인공지능 스피커를 통해 수많은 데이터가 알리바바클라우드에 축적될 것이다. 내가 어떤 뉴스를 자주 찾는지, 어떤 노래를 좋아하는지, 언제 집에 들어오는지, 몇 시에 일어나는지, 어떤 음식을 좋아하는지, 무엇을 언제 사는지를 알게 될 것이며 인공지능 스피커는 학습

알리바바는 인공지능 스피커인 티몰지니로
방대한 데이터 축적을 기대하고 있다.

티몰지니에서 사용할 수 있는
다양한 애플리케이션.

을 통해 나의 개성에 맞춰 맞춤 정보와 각종 편의를 제공해줄 것이
다. 이런 정보들이 알리바바클라우드에 집결하면 인공지능이 나와
우리 가족뿐만 아니라 인공지능 스피커를 활용하는 수많은 사람의
데이터를 분석하여 이 사회에 어떤 재화와 자원이 필요한지, 얼마
나 필요한지 등을 예측하는 수준에 이를 수도 있다. 기술이 한 걸음
더 발전할수록 사람들의 편의를 위해 개인정보가 시스템에 차곡차

곡 쌓이고, 시스템은 역으로 개인을 분석하고 통제할 수 있는 수준에까지 이르게 될 것이다. 이렇게 수많은 데이터가 양산돼 시스템에 쌓여가면 앞으로 사회는 개인 위주의 민주주의 시스템이 아닌 전체 사회라는 관점에서 전체주의가 될 가능성도 농후하다. 요컨대, 중국은 민주주의가 아닌 국가 위주의 전체주의 관점이 깊게 작동하는 국가라는 점에서 데이터를 쌓고 중앙집중화하여 활용할 수 있는 곳이라는 얘기다.

## 사물인터넷의 꽃 자율주행 기술

자율주행 기술은 사물인터넷 기술의 끝판왕이다. 빠른 속도로 달리면서도 장애물을 피하고 사고를 예방하기 위해 수많은 센서 및 레이더 기술을 적용해야 한다. 또한 미래의 자율주행차는 주변에 있는 차들과도 데이터를 주고받고 도로 및 교통정보 센터와도 실시간으로 정보를 교류하면서 최적의 루트를 찾아야 한다. 자율주행차야말로 수많은 센서를 장착한 '움직이는 사물인터넷 기기'라 할 수 있다.

중국 내 자율주행 기술은 현재 바이두가 선두에 서 있지만 알리바바 또한 인공지능연구소AI Lab를 통해 자체 자율주행 기술을 개발하고 있다. 이에 앞서 알리바바는 2015년에 상하이자동차와 협업하여 RX SUV 모델에 알리OS 기반의 커넥티드카 기술을 선보인

자율주행 기술은 수많은 센서와 레이더 기술로 발현된다.

바 있다. 차가 마치 통신망에 연결되어 있는 거대한 휴대전화처럼 기능하면서 주유할 때 자동 결제도 해주고 주행 및 차체 상태도 스스로 점검한다. 또한 음성으로 창문이나 에어컨, 차량 엔터테인먼트 시스템을 제어할 수 있다. 마윈 회장은 현재 우리가 휴대전화로 통화를 하기보다 다른 기능을 더 많이 쓰고 있음을 강조하면서 앞으로는 자동차 역시 80% 이상이 주행 외의 용도로 쓰일 것이라고 강조했다.

이 외에도 알리바바가 자율주행과 관련해 가장 심혈을 기울이는 분야는 스마트시티 기술을 바탕으로 한 교통정보 분석 및 예측이다. 차가 스스로 다니는 자율주행 기술도 중요하지만, 이 차들이 교통망 시스템과 끊임없이 데이터를 주고받으면서 환경과 조화를 이뤄야만 안전하고 쾌적한 자율주행이 이루어질 수 있다. 이런 맥락에서 스스로 잘 달리는 것도 중요하지만 주변 환경과 어떻게 커뮤니케이션하느냐도 상당히 중요하며, 알리바바가 이 영역을 파고들고 있다.

나는 중국이 전 세계에서 자율주행 기술이 가장 발달한 곳이 되리라고 감히 예측한다. 서방 세계에서는 보행자의 안전을 위해 자율주행이 합법화되려면 99.99%의 안전이 담보되어야 하겠지만, 중국은 99%의 안전만 확보되어도 과감히 자율주행을 상용화할 만한 국가이기 때문이다. 이는 앞서 언급했듯이 인권이 덜 중시된다는 점, 원하는 정책을 밀어붙일 수 있을 정도로 여전히 강한 통제사회라는 점에 기인한다. 이런 환경이기에 미국의 구글보다 중국의 바이두나 알리바바가 이 분야에서 선두가 될 수 있으리라고 감히 예측해본다.

# 자율주행차

. . .

## 자동차의 IT화

최근 가장 뜨거운 산업은 어디일까? 단연 자율주행차다. 자율주행은 1925년 뉴욕 브로드웨이에서 엔지니어 프랜시스 P. 후디나가 운전자 없이 라디오 주파수만으로 차를 움직이면서 시작됐다. 이것이 'driverless car'라고 불리는 자율주행차의 시초다.

구글은 2009년부터 자율주행 사업에 뛰어들었으며, 2018년 드디어 미국 애리조나에서 상용화된 자율주행 택시를 출시했다. 바이두는 구글보다 늦게 시작했지만, 세계 최대 자동차 시장과 정부 지원을 바탕으로 무인 소형버스를 출시하고 구글을 무섭게 추격하고 있다. 점차 자동차 산업의 주도권이 제조사에서 서비스 플랫폼 기업으로 이동하고 있다.

10여 년 전, 그러니까 스마트폰이 나오기 전에는 휴대전화가 대부분 통화를 하거나 문자를 보내는 데 사용됐다. 하지만 지금은 스마트폰을 통화만 하기 위해 가지고 다니는 사람은 별로 없을 것이다. 자동차에서도 이런 변화가 일어나고 있다. 미국보다 2.5배나 큰 자동차 시장을 가진 중국은 전기차와 인공지능 기반 자율주행차에 사활을 걸고 있다. 신용카드가 없던 중국이 핀테크 대국이 된 것처럼, 자동차 산업에서도 전기차와 자율주행차로 퀀텀 점프를 하고 있는 것이다.

2018년 CES 아시아 박람회에서 가장 뜨거운 관심을 받은 분야가 바로 인공지능과 자율주행차였다. 4차 산업혁명이라고 부르는 차량용 반도체, 음성인식 인공지능 기술, 센서 기술, 고정밀지도, 빅데이터, 엔터테인먼트 분야의 대부분 기술이 집약되어 있기 때문이다.

자율주행 하면 떠오르는 회사는 테슬라, 우버, 구글이다. 최근 테슬라가 100년 전통의 자동차 기업 GM의 시가총액을 뛰어넘은 것은 산업의 패러다임이 바뀌었다는 것을 보여준다. 테슬라는 고급스러운 전기차를 내놓으면서 확실한 선두 이미지를 만들었지만, 최근 잇따른 교통사고와 보급형 전기차인 모델3의 대량생산에 어려움을 겪으면서 이미지가 많이 실추됐다. 우버 역시 자율주행차 사업에 투자하고 있지만, 보행자를 치는 사고가 발생해 현재는 테스트가 중단된 상태다.

실제로 가장 많은 주행거리와 핵심 기술을 가진 기업은 구글이다. 구글은 10여 년 전 중국 시장에서 철수한 이후 호시탐탐 기회를 노려왔다. 중국 정부의 검열을 수용하면서 조만간 다시 중국에 진출할 예정인데, 검색엔진과 자율주행차 분야에서도 중국 기업과 한판 승부가 불가피하다. 고정밀지도, 클라우드컴퓨팅, 중국어 음성인식 등의 분야에서 중국 현지 기업과 파트너십을 맺고 진출할

바이두는 자율주행차 제작을 위해 다임러와 전략적 협업을 약속했다.

현대자동차도 아폴로를 탑재한 차량을 내놓았다.

것으로 보인다.

그렇다면 중국에서는 누가 자율주행차 산업을 이끌고 있을까? 중국의 구글이라 불리는 최대 검색엔진 기업인 바이두가 2017년 '아폴로'라는 자율주행 플랫폼을 내놓으면서 선두를 달리고 있다. 아폴로는 안드로이드와 같은 개방형 플랫폼으로 자동차 제조사가 바이두의 기술을 이용할 수 있도록 하고 있다. 현재 아폴로에 참여하는 협력사만 다임러, BMW, 현대자동차 등 120여 개가 넘고 세계 최대 규모의 협력 파트너를 거느리고 있다. 특히 2017년 초 MS 최고 임원이었던 루치를 영입하면서 돈이 되지 않는 O2O 사업은 과감히 접고 'All in AI' 전략을 표방하면서 바이두가 다시 날아오르리라고 보는 사람들이 많아졌다.

하지만 구글이라는 큰 산을 넘어야만 진정한 승자라 할 수 있을 것이다. 사실 시가총액 면에서 비교해보면 바이두는 구글의 10분의 1도 되지 않는다. 중국 정부의 도움을 받아서 여기까지 왔지만, 정부의 보호가 없다면 과연 구글과의 승부에서 이길 수 있을지 의문이다. 만약 구글이 중국 시장에 진입한다면 바이두와의 흥미진진한 승부를 보게 될 것이다.

## 바이두와 알리바바의 무인자동차

앞으로 자동차 업계를 주도할 키워드는 첫째 연결성, 둘째 자율주행, 셋째 차량공유, 넷째 전기차라고 볼 수 있다. 주요 완성차 업체들의 전략 및 목표를 살펴보면 연결성과 자율주행을 기반으로 전통 자동차 제조에서 공유차량을 통한 이동 서비스화를 목표로 한다는 사실을 알 수 있다. 소프트뱅크의 손정의 회장도 우버, 디디추싱, 올라OLA 등 전 세계 차량공유 회사의 지분을 사들이며 미래를

알리바바의 운영체계 알리OS.

알리바바의 운영체계가 탑재된 샤오펑의
전기 자동차.

알리바바의 가오더지도.

자동차 인공지능(CAR AI) 기술을 통해
차 안에서 티몰지니 이용이 가능하다.

준비하고 있다.

　현재 무인차는 크게 보면 실시간 네트워크에 연결된 상태에서 다양한 서비스를 제공하는 커넥티드카와 자체 센서 및 데이터 처리 기술을 강조한 자율주행 차량으로 나뉜다. 알리바바는 알리OS를 기반으로 자사의 생태계를 최대한 이용하도록 커넥티드카 서비스를 제공하고자 한다. 특히 인공지능 스피커 티몰지니를 통해서 차량 내 기기를 컨트롤하고, 내비게이션은 가오더지도를 이용하며, 데이터 처리는 알리바바클라우드를 통해 하게 될 것이다. 물론 차량 내에서 영화를 본다면 유쿠를 이용하고, 사고 싶은 물건을 사거나 주차비를 낸다면 알리페이를 이용할 것이다. 이렇듯이 알리바바는 차량 안에서 우리가 원하는 서비스를 철저하게 장악하고자 한다. 저장상인의 DNA를 가진 알리바바의 비즈니스적인 사고를 여기서도 엿볼 수 있다.

반면 바이두는 보쉬, 컨티넨탈, 다임러벤츠, 포드 등 자동차 제조사들과 연계해 아폴로 플랫폼에서 운영되도록 차량을 만들게 하고 있다. 또한 인공지능 스피커나 지도 등의 서비스도 함께 제공한다. 앞으로는 바이두 클라우드와 아이치이의 콘텐츠도 제공하리라고 본다.

2018년 현재 자율주행차는 어느 단계까지 와 있을까? 구글, 바이두 모두 사람의 개입이 없이 스스로 운전하는 4단계까지 기술적 진보를 이뤘다. 구글은 자율주행 택시 서비스를 선보였고, 바이두는 한정된 구역에서 자율주행 소형버스 운행을 시작했다. 그리고 구글은 세계 최대 자동차 시장인 중국에서 승자가 되기 위해 중국에 들어올 기회를 엿보고 있다. 중국 정부가 구글에 자동차 시장 진입 허가를 쉽사리 내줄 것 같진 않지만, 미·중 무역전쟁으로 촉발된 압박 탓에 어쩌면 시장을 개방해야 할지도 모른다.

바이두는 2018년 인공지능 플랫폼인 아폴로를 활용해 소형버스 양산에 성공했다. 레벨4 단계로 운전자나 방향판 없이 자율주행이

2018년 양산에 성공한 자율주행 소형버스. 머지않아 상용화될 것으로 보인다.

가능한 단계다. 이는 고정된 노선에서는 상용화가 곧 시작된다는 것을 의미한다.

자율주행차는 5단계로 구분하는데 1단계는 일부 기능에 대해 운전자가 지원하는 단계, 2단계는 부분 자동화, 3단계는 조건부 자동화, 4단계는 고도 자동화, 5단계는 완전 자동화다. 현재 대부분 업체가 3단계에서 테스트를 진행 중이다. 즉 운전자가 탑승한 채로 자율주행 상태를 모니터링하고 있다. 4단계 이상부터는 운전자의 개입이 필요 없는데 아직 고정된 노선에 대해서만 테스트가 진행되고 있다.

내가 어릴 적에 〈전격Z작전〉이라는 미국 드라마가 있었는데, 손목시계에 대고 "키트!"라고 부르면 차가 주인공이 있는 곳으로 오곤 했다. 이제 이런 상상이 현실이 되는 것이다.

## 자율주행차는 세상을 어떻게 바꿔놓을까

자율주행차가 가져올 파급효과를 한번 생각해보자.

첫째, 차를 소유하는 사람들이 줄어들 것이다. 오포나 모바이크 같은 자전거공유가 유행하면서 자전거를 사는 사람이 줄어든 것과 마찬가지다. 필요할 때 이용하고 그만큼 이용료를 내면 되니 수많은 자전거 제조 업체가 도산했을 것이다. 자동차 제조사들에도 이런 상황이 닥칠 수 있다. 그래서 자동차 제조사들은 사활을 걸고 가장 강력한 플랫폼 기업과 협업을 하고 있다. 현대기아차 역시 바이두의 아폴로 플랫폼과 협력하고 있다. 완성차 업체뿐만 아니라 엔비디아, ZF 등 수많은 관련 업체가 바이두와 협력하고 있으며, 점점 더 강력한 생태계를 형성해가고 있다.

둘째, 휴대전화로 차를 호출하면 원하는 곳으로 차가 오고 목적지까지 저렴한 가격으로 갈 수 있다. 아마도 우버나 디디추싱의 기사들이 일자리를 잃게 될 것이다. 차량공유 서비스는 자율주행차 가치사슬value chain에서 가장 상위에 있는 업체다. 그래서 손정의 회장은 미국의 우버, 중국의 디디추싱, 동남아의 그랩, 인도의 올라 등에 투자하여 전 세계 치량공유 시비스를 실질적으로 상악했다. 소프트뱅크는 2019년부터 바이두의 자율주행 버스를 일본에서 운

출처: 바이두 아폴로 홍보 영상

바이두 아폴로를 탑재한 자율주행 트럭.

행할 계획이다. 결국 자율주행차는 사물인터넷의 정점으로서 손정의 회장이 그리는 큰 그림의 핵심이다.

셋째, 물류 산업에서의 파급효과가 매우 크다. 물류비의 가장 큰 비중을 차지하는 것이 운송비인데 그중에서도 인건비의 비중이 크다. 자율주행 트럭을 사용하게 된다면, 무인으로 하루 24시간 운송할 수 있으므로 운송비를 대폭 줄일 수 있다. 무인택배 차량 역시 운송비를 상당히 줄일 수 있다. 따라서 기존의 물류 강자가 쇠퇴하고 아마존, 알리바바, 징둥과 같은 IT 기업이 부상하는 등 물류 산업에도 지각 변동이 일어날 것이다.

넷째, 엔터테인먼트 산업에도 영향을 미친다. 차 안에서 운전 대신 QQ뮤직으로 노래를 듣거나 아이치이로 영화를 보는 시간이 많아질 것이므로 콘텐츠를 소비하는 수요는 더욱 많아질 것이다.

다섯째, 부동산 시장에도 영향을 준다. 도심의 차량 수가 줄어드니 주차에 필요한 공간이 많이 줄어들기 때문이다.

이 밖에도 자율주행차는 수많은 산업에 영향을 미칠 것이다. 5G가 보급되는 2020년이 되면 어떤 세상이 올지 정말 궁금해진다.


## 블록체인 기술을 물류에 접목하다

• • •

### 퍼블릭 블록체인 vs 프라이빗 블록체인

블록체인 기술은 모든 거래자가 전체 거래장부를 공유하고 대조를 통해 거래를 안전하게 하는 보안 기술이다. '블록체인'이란 거래기록을 저장한 블록을 연결하여 쌓은 것을 말한다. 모든 거래기록이 암호화되어 거래 참여자들의 컴퓨터에 서상되어 쌓이는데 거래자 과반수가 동의한 기록이 블록화되고, 이것이 모든 거래자의 장부에 저장된다(예컨대 비트코인은 10분 간격으로 저장된다). 세계 곳곳에 분산된 수많은 거래자의 컴퓨터에 이 장부가 있으며 거래장부 절반 이상을 해킹하지 않는 이상 위조가 되지 않으므로 보안성이 매우 높다. 위조를 하려면 블록체인 모든 사용자 컴퓨터의 절반 이상보다 높은 연산력이 필요한데, 수만 개의 컴퓨터를 해킹해 위조하는 것은 거의 불가능에 가깝다.

블록체인 기술은 참여자의 제한 여부에 따라 퍼블릭 블록체인과 프라이빗 블록체인으로 구분된다. 퍼블릭 블록체인은 모든 참여자가 장부의 관리에 참여하지만, 프라이빗 블록체인은 모든 참여자가 아닌 허락된 참여자에게만 사용이 허가된다. 프라이빗 블록체인은 참여자가 제한되어 있기에 데이터 처리 속도가 퍼블릭 블록체인보다 빠르다. 그리고 조직 내 레벨에 따라 정보를 관리하는 기업 또는 기관의 구조에 더 가까워 다양한 산업에 적용하기가 더 유리한 구조다. 하지만 장부의 분산화 정도가 낮으므로 보안성은 퍼블릭 블록체인보다 떨어진다.

알리바바의 블록체인 기술 개발 방향은 자사 플랫폼과 연관된 프라이빗 블록체인이다. 알리바바는 2016년부터 블록체인에 관심을 가졌다. 2018년 6월 알리바바의 앤트파이낸셜은 홍콩 스타트업 지캐시Gcash, 스탠다드차타드 은행과 협업하여 블록체인 기술을 활용한 송금 서비스를 시연했는데 블록체인 전자지갑에서 3초 만에

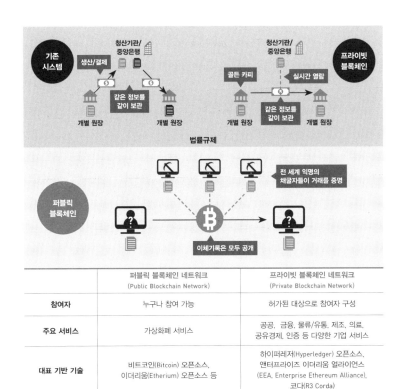

| | 퍼블릭 블록체인 네트워크<br>(Public Blockchain Network) | 프라이빗 블록체인 네트워크<br>(Private Blockchain Network) |
|---|---|---|
| 참여자 | 누구나 참여 가능 | 허가된 대상으로 참여자 구성 |
| 주요 서비스 | 가상화폐 서비스 | 공공, 금융, 물류/유통, 제조, 의료,<br>공유경제, 인증 등 다양한 기업 서비스 |
| 대표 기반 기술 | 비트코인(Bitcoin) 오픈소스,<br>이더리움(Etherium) 오픈소스 등 | 하이퍼레저(Hyperledger) 오픈소스,<br>앤터프라이즈 이더리움 얼라이언스<br>(EEA, Enterprise Ethereum Alliance),<br>코다(R3 Corda) |

출처: 미디어 SK

필리핀 계좌로 송금이 완료됐다. 앞으로는 서비스 지역을 확대할 예정이다. 블록체인 기술을 활용하여 환전하면 수수료를 줄일 수 있고 송금 시간도 대폭 짧아진다.

2018년 8월 앤트파이낸셜은 티몰 및 차이냐오와 협업하고 중국 동북 지역의 우창시 정부와 제휴하여 2018년 9월 30일부터 모든

출처: 즈지에짜이징

티몰이 관리하는 우창 쌀 재배지.

출처: 신화사

우창 쌀은 105만 톤이 생산되지만 판매량은
1,000만 톤으로 가짜가 90%에 육박하는 상품이다.

쌀의 종자와 생산, 물류 과정을 추적할 수 있는 블록체인 서비스를
시작한다고 발표했다. 우창 쌀은 연간 생산량이 105만 톤인데 시
장에서 판매되는 양은 1,000만 톤에 달해 가짜가 많은 대표적 상
품이다. 앤트파이낸셜은 모든 쌀 포대에 고유 QR코드를 부여하여
소비자가 스마트폰으로 코드를 확인하면 쌀과 관련된 모든 정보를
추적할 수 있도록 했다.

그러나 알리바바가 추진하는 프라이빗 블록체인은 블록체인의
본질인 탈중앙화와는 거리가 있다. 사실 블록체인은 중앙에서 하

나의 주체가 모든 것을 관리하면 안 되고, 각 거래 참여자들이 동등한 입장에서 거래정보를 주고받아야 한다. 쌀 생산 이력 관리 사례를 다시 보자. 알리바바 생태계 내의 앤트파이낸셜이 주도하고 티몰과 차이냐오가 참여함으로써 다른 참여자들(생산자, 유통자, 물류사 등)이 그들과 정보를 똑같이 나눠 가진다 해도, 결국 영향력을 가진 중심 주체는 알리바바가 될 수밖에 없다. 다만 생산부터 소비자의 손에 들어오는 전 과정의 데이터와 이력을 모든 참여자가 나누어 가진다는 점에서 위조의 위험성을 어느 정도는 방지할 수 있다(하지만 이것도 이론적으로는 참여자의 컴퓨터 절반 이상이 해킹된다면 위조가 가능하다).

어찌 됐든 프라이빗 블록체인 분야에서 알리바바가 글로벌 선두 주자임에는 확실하다. 2018년 8월 지적재산권 전문 매체 〈PR 데일리〉는 알리바바가 같은 해 8월 10일까지 90개의 블록체인 관련 특허를 출원하여 89개를 신청한 미국 IBM을 제치고 블록체인 관련 글로벌 특허 출원 건수 1위 기업으로 선정됐다고 발표했다. 앞으로도 알리바바의 블록체인 관련 포커스는 자사 플랫폼이 강점을 가지고 있는 지급결제, 금융, 위조 방지를 위한 상품 이력 관리 등이 될 것으로 예측된다. 즉, 퍼블릭 블록체인이 아닌 프라이빗 블록체인 기술 개발을 고수할 것이다.

## 알리바바와 암호화폐

중국 정부는 2017년 9월 중앙은행인 인민은행을 통해 암호화폐의 자국 내 ICO~Initial Coin Offering~(가상화폐공개) 및 거래를 금지했다. 하지만 여전히 블록체인 기술을 스스로 개발도 하고 기업들도 장려하는 이원적인 태도를 보인다. 인민은행은 산하 기관인 전자화폐연구소를 통해 중국 주요 은행들과 함께 무역금융 블록체인 플랫폼을 개발하고 있으며, 앞서 언급했던 전 세계 블록체인 특허 출원 순위에서도 5위(44건)를 기록했다.

이런 배경하에서 알리바바도 상당히 이원적인 태도를 보인다. 알리바바의 마윈은 2018년 5월 중국 천진에서 개최된 '제2회 스마트대회'에서 스마트 IT와 산업혁신 토론에 패널로 참석해 블록체인 기술 자체는 거품이 아니지만 비트코인은 거품이라면서 암호화폐 투기의 위험성을 강조했다. 하지만 앞서 언급한 바와 같이 앤트파이낸셜을 통해 다양한 기술을 개발하고 있으며, 그 영향이 유관 산업뿐만 아니라 경영 패러다임에까지 미칠 정도라고 한다. 그는 또 2018년 9월에는 상하이 인공지능 콘퍼런스에서 블록체인, 인공지능, 사물인터넷이 기존 제조업, 서비스들과 결합하지 못한다면 더 이상의 기술 진보는 없다면서 현재의 기술 진보에서 블록체인도 중요한 축을 담당한다고 강조했다.

블록체인 기술의 핵심 중 하나는 암호화폐다. 블록체인 업계에서는 암호화폐가 없는 블록체인은 불가능하다고 하는데, 가장 큰 이유는 플랫폼 거래 참여자들에게 인센티브를 제공해야 하기 때문이다. 예를 들어 페이스북에서는 각 개인이 사진도 올리고 글도 올리는 데이터 제공자인데 각 개인에게 주어지는 보상은 없다. 하지만 탈중앙화된 블록체인 플랫폼에서는 내가 글을 올리고 사진을 올린 후 다른 사람들이 내 글을 보고 평가를 하면 나에게 암호화폐로 보상이 주어진다. 또한 내 글을 읽고 양질의 내용으로 평가한 사람에게도 보상이 주어진다. 실제 스팀잇Steemit이라는 블록체인 SNS 플랫폼이 이미 개발되어 탈중앙화 SNS 실험을 진행하고 있다.

또한 블록체인 플랫폼에서는 암호화폐를 사용해야만 전자적인 화폐에 계약을 실어 보내는 '스마트계약smart contract'을 활용할 수 있는데, 이 또한 블록체인에서 암호화폐가 필수적임을 보여준다. 미래에 사물인터넷 기술이 더 진보하면 사람과 사람 간의 거래가 아닌 기계와 기계 간의 거래 또는 로봇과 로봇 간의 거래가 일어날 것이다. 이는 암호화폐를 활용하여 거래조건을 담은 스마트계약을 탑재해놓지 않으면 불가능하다. 결국 알리바바도 탈중앙화된 블록체인 기반의 암호화폐 기술을 연구하고 출시하여 다가오는 인공지능 및 사물인터넷 변혁의 시기에 대비를 할 수밖에 없다.

암호화폐를 출시하기 위해 자금을 모집하려고 ICO를 하거나 거래를 위해 거래소에 등록하는 게 목적이 될 필요는 없다. 현재 대부분의 ICO가 블록체인 플랫폼 내의 거래 토큰임에도 플랫폼을 개발할 자금을 확보하기 위해 초기에는 '증권형 토큰security token' 성격을 강하게 보이는 것은 사실이다. 그런데 만약 알리바바가 암호화폐를 개발한다면 블록체인 플랫폼을 개발하고 그 플랫폼 안에서 거래수단으로 사용할 수 있는 '유틸리티 토큰utility token'을 출시할 수도 있다. QR코드를 활용한 알리페이로 지급결제 시장에 일대 변혁을 가져왔듯이 블록체인 암호화폐 기술로 지급결제 시장에서 또 한번의 혁신을 일으키길 기대해본다.

## 탈중앙화와 자율이라는 가치

앞서 간략히 언급한 바와 같이 블록체인은 DAODecentralized Autonomous Organization, 즉 탈중앙화된 자율 조직을 표방한다. 블록체인 기술은 탈중앙화된 블록체인 플랫폼을 통해 현존하는 거래 매개자middleman를 제거해 비용을 절감하고, 스마트계약을 통해 불필요한 거래 비용을 없애려 한다. 또한 플랫폼에 기여한 모두에게 암호화폐라는 인센티브를 제공하여 플랫폼이 중앙화된 관리자 없이 자율적으로 움직이도록 하고자 한다. 그런데 아이러니하게도, 알리바바의 핵심 플랫폼은 중앙화된 전자상거래 플랫폼이다. 탈중앙화된 블록체인 플랫폼을 만든다는 것은 곧 기존 전자상거래 플랫폼을 뒤엎고 P2P 형태처럼 개인들이 직접 거래할 수 있는 새로운 판을 깔겠다는 이야기인데 말이다.

현재 타오바오몰의 첫 번째 화면은 모든 사용자에게 달리 구현된다. 타오바오몰이 개별 사용자가 어떤 상품을 검색했는지, 그 페이지에 얼마나 머물렀는지, 어떤 물건을 장바구니에 담았는지, 얼마 만에 실제 구매를 했는지를 분석하여 그 개인에게 최적화된 제품 및 프로모션 화면을 제공하기 때문이다. 사용자 입장에서 최적화된 화면을 제공받기 때문에 고마울 수도 있지만, 내가 플랫폼 여기저기를 방문하여 무엇을 좋아하는지 등의 데이터를 시스템에 남겨주고 공헌했는데 정작 경제적인 보상은 없는 셈이다. 블록체인 플랫폼에서는 이런 데이터를 제공한 사용자들에게 보상을 하겠다고 한다.

지급결제도 마찬가지다. 현재는 알리페이라는 중앙화된 지급결제 시스템에서 비용이 정산된다. 하지만 탈중앙화된 자율 조직 플랫폼이 나온다면, 이 거래 플랫폼이 자율적으로 움직이므로 알리페이와 같은 중앙화된 플랫폼이 필요 없게 된다. 물론 플랫폼 운영자가 약간의 수수료를 받아가겠지만, 이는 중앙화된 플랫폼의 수수료에 비하면 아주 낮은 수준이라고 볼 수 있다. 탈중앙화를 통해 고비용 구조를 없애겠다는 것이 여러 블록체인 프로젝트가 전달하는 핵심 메시지다.

그렇다면 과연 알리바바는 블록체인을 통해 현재 가진 기득권을 포기하고 스스로를 해체하고 싶어 할까? 알리바바는 전자상거래에서 마케팅 서비스로만 영업이익률 50%를 넘는 상당한 이익을 창출하고 있다. 사실 기득권 플랫폼은 스스로 해체되는 길을 어떻게든 피하려 할 것이고, 그래서 알리바바의 블록체인 기술 연구 방향도 프라이빗 블록체인으로 잡힌 것이다. 하지만 미래에 완전히 탈중앙화된 자율 플랫폼이 출현해 정착된다면 기득권 플랫폼도 스스로를 내려놓아야 한다. 이런 변화에 미처 대비하지 못한 플랫폼들은 결국 사라질지 모른다. 피처폰 시대에 잘나갔던 노키아나 모토로라가 현재는 거의 흔적이 없듯이 말이다. 알리바바도 이런 변화의 가능성에 대비하고자 블록체인을 열심히 연구하고 있다. 현재처럼 고수익은 아니더라도 준비를 잘한다면 탈중앙화된 자율 플랫폼의 운영자로서 생존해나갈 수도 있을 것이다.

알다시피 중국은 여전히 공산당이 막강한 힘을 발휘하고 있는 중앙집권적 사회주의 국가다. 앞서 언급한 바와 같이 정부가 앞장서서 블록체인 기술의 개발을 장려하고 있으며 중앙은행인 인민은행 산하 전자화폐연구소에서는 수많은 특허를 출원했다. 하지만 블록체인의 근본은 탈중앙화, 자율 조직이며 중앙화된 통제를 원하는 중국 정부의 근본 철학과는 상반된다. 만약 블록체인 기술이 인공지능 및 사물인터넷과 결합하여 거스를 수 없는 대세가 된다면 중국 사회의 탈중앙화, 즉 민주화에도 기여할 것이다. 인공지능과 사물인터넷 기술로 거의 완벽한 통제의 사회를 구현하는가 싶었지만 블록체인이 탈중앙화를 이끌면서 자율성이 중요시되는 시스템이 구축될 가능성도 생겼다.

블록체인이 어떤 변화를 가져오고 어떤 방향으로 튈지는 인터넷이 이제 막 보급되던 시기처럼 아무도 모른다. 단, 거의 모든 사람이 동의하는 것은 블록체인이 세상을 바꾸리라는 것이다. 여기에는 기술뿐만 아니라 기술에 '탈중앙화', '자율'처럼 사회를 바꾸고자 하는 철학이 담겨 있기 때문이다. 인터넷 도입 초창기에 수많은 회사가 생겨났다가 사라졌듯이, 현재 수많은 블록체인 회사가 우후죽순처럼 생겨나고 프로젝트를 진행 중이지만 결국 몇 개의 플랫폼만 살아남을 것이다. 이 살아남은 플랫폼들이야말로 세상을 바꾸는 중심에 서게 될 것이다. 알리바바 또한 이 변화의 중심에 서고 싶다면 중심 플랫폼을 스스로 해체할 정도까지 연구해야 할 것이다.

2018년 9월 알리바바는 다모아카데미 산하에 블록체인 기술 연구를 위한 '블록체인연구소'를 출범시켰다. 블록체인연구소는 인공지능과 사물인터넷 기술을 연구하는 '인공지능연구소'와 더불어 앞으로 알리바바의 미래를 담당하는 중요한 양대 축이 될 것이다.

# Chapter 4

# 알리바바의 M&A
# 전략 및 글로벌 영토 확장

★ ★ ★

# 큰 그림을 그리고
# 전략적으로 인수한다

알리바바는 2018년 12월 말 시가총액이 399.5조 원(약 3,605억 달러)으로 기업가치 전 세계 7위, 아시아 2위가 됐다. 이 기업의 성장 원동력은 무엇이었을까? 참고로, 같은 시점에 알리바바와 아시아 랭킹 1, 2위를 다투는 중국 텐센트의 시가총액은 420.7조 원이었고 2017년 아시아 3위인 삼성전자의 시가총액은 231.3조 원이었다.

  알리바바는 자력으로 타오바오, 티몰과 같은 전자상거래 플랫폼을 만들고 알리페이와 같은 지급결제 서비스도 오픈했다. 그런데 만약 M&A를 통해 중국의 유튜브인 유쿠를 비롯해 가오더지도, 웨이보, 다마이大麦, 선아트Sun Art 리테일 등 수많은 회사를 인수하고 투자할 수 없었다면 지금과 같은 규모의 알리바바는 되지 못했을 것이다. 글로벌 스타트업의 데이터베이스를 보유한 크런치베이스Crunchbase에 따르면, 알리바바의 주요 투자 건수는 총 22건이다. 가장 최근에 진행한 투자는 터키와 중동 시장에서 활약하는 터키 전자상거래 업체 트렌드욜Trendyol이며 알리바바는 이 기업에 3,700만 달러(약 406억 원)의 소수 지분 투자를 진행했다.

사실 전통적인 M&A 딜은 인수 주체가 단기적인 차익을 노린 연기금, 국부펀드, 사모펀드의 도움을 받아 진행하므로 약속된 특정 기한 내에 수익을 실현하는 데 집중할 수밖에 없다. 하지만 알리바바는 텐센트와 함께 중국에서 이런 투자 방식을 완전히 바꾸어놓았다. 자사 생태계와의 시너지와 장기 이익 실현을 추구하면서 투자를 진행한 것이다. 그 덕에 투자 대상이 된 회사들은 기업가치가 큰 폭으로 증가하면서 상장이나 지분 매각 시 기존 투자자들에게 큰 수익을 안겨주었다. 그 결과 중국에서 알리바바나 텐센트가 투자하는 딜이라면 투자 자금이 더욱 몰려들게 됐다.

2017년 매킨지 글로벌 리포트는 미국의 경우 FAANG(페이스북, 애플, 아마존, 넷플릭스, 구글)로 대표되는 인터넷 대표 기업들의 투자가 미국 전체 벤처캐피털 투자금액의 5% 정도를 차지하는 데 반해, 중국은 벤처캐피털 전체 투자금액의 42%가 알리바바를 위시한 BAT가 투자한 것이라고 밝혔다. 중국에서는 스타트업 기업들에 대한 BAT의 투자가 이토록 큰 부분을 차지하고 있다.

## 알리바바의 또 다른 동력, 전략적 M&A

• • •

현재 알리바바의 M&A는 창업 멤버이며 그룹 부회장인 차이충신이 직접 이끌고 있다. 차이충신은 자신이 일방적으로 M&A 전략을 짜고 사업을 전개하는 것이 아니라 각 사업부 전략을 충분히 수렴하여 실질적으로 필요한 M&A를 전략적으로 진행한다. 이처럼 알리바바의 M&A팀은 실제 각 사업부의 필요성과 그 사업부와의 시너지 창출을 가장 중요시한다. 즉, 각 사업부의 책임자를 요리사라고 생각하고 그 요리사들과 끊임없는 소통을 통해 어떤 재료가 필요한지를 파악한 후, 시장에서 최고의 재료(회사)를 구해주는 것이다.

이런 배경하에 알리바바는 전자상거래를 핵심으로 한 자사의 거대한 생태계를 더욱 확장하기 위해 끊임없이 M&A를 진행하고 있다. 최근에는 해외 투자가 증가하고 있는데 중국에 성공적으로 안착시킨 인터넷 사업 모델을 타 국가로 확장하여 해외에서 제2, 제3의 알리바바 생태계를 구축하고자 하는 것이다.

차이충신은 이런 M&A 작업을 바둑에 비유하기도 했다. 알리바바의 장기적인 전략적 가치를 위해 회사들을 바둑판에 배치하고 이를 연결하는 것이다. 다음 그림에서 보듯이, 알리바바가 그동안 인수 및 투자한 회사들이 생태계 내에서 하나의 그룹을 이뤄 시너지를 창출해내고 있다.

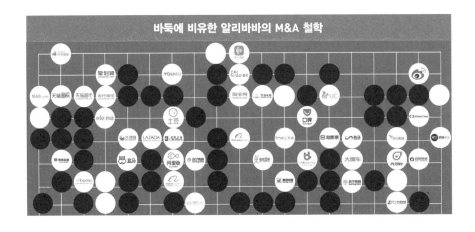

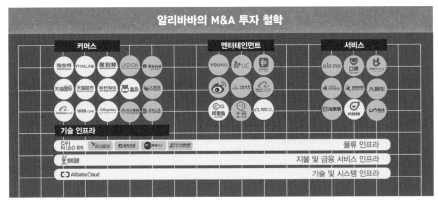

출처: Investor Day 2018

알리바바는 연차보고서에서 자신들의 M&A 및 전략적 투자 전략을 다음과 같이 밝혔다.

첫째, 전략 투자 및 M&A를 통해 고객을 추가로 확보한다.

| 전략적 목표 | UC웹 | 가오더지도 | 유쿠 | 라자다, 페이티엠 | 르르순물류, YTO | 차이냐오 | 선아트 리테일 | 렌화슈퍼마켓, 싼장 | 쑤닝 |
|---|---|---|---|---|---|---|---|---|---|
| 고객 경험 향상 | V | V | V | V | V | V | V | V | V |
| 새로운 고객 유치 | V | V | V | V | | | | | |
| 지역 확장 | V | | | V | | V | | | |
| 신유통 | | | | | V | V | V | V | V |

둘째, 고객 체험customer experience 수준을 향상시킨다.

셋째, 제공할 수 있는 상품과 서비스의 종류를 늘리는 데 도움이 되는 기업에 투자한다.

알리바바는 많은 경우 시너지가 창출된다고 판단하면 초기에는 소수 지분 투자를 진행하며, 해당 회사의 실적이 견실하고 현 경영진과 충분한 신뢰 관계가 쌓이면 대규모 지분을 인수하여 자회사로 편입하는 방식을 활용해왔다. 차이충신은 만약 지분 전체를 넘기겠다는 기업이 있으면 과연 그 회사가 정상적인 회사인가 하는 생각이 들어 오히려 이상하게 여긴다고 한다. 또한 그는 회사를 자체 역량으로 통합할 수 없다면 일단 소수 지분을 인수하거나 현 경영진에게 경영을 맡기는 것이 더 현명한 판단이라고 이야기한다. 그간 알리바바의 대형 M&A 건인 UC웹UCWeb, 가오더지도, 유쿠,

인타임리테일銀泰商業, 차이냐오, 어러머, 라자다Lazada 등이 모두 이런 인수 과정을 거쳤다.

알리바바는 연차보고서에서 인수 회사 중 적자를 기록하는 회사도 있으며, 이런 회사들이 당연히 알리바바그룹의 손익에 영향을 줄 수도 있지만 장기적인 관점에서 회사의 미래를 위해 명확한 가치가 있다고 밝혔다.

최근에는 소비자 서비스consumer service와 신유통 분야에서의 인수 및 전략적 투자가 증가하고 있다. 2018년 4월 알리바바는 자회사 앤트파이낸셜과 같이 중국 최대의 온라인 배달 중개 서비스 업체인 어러머를 10조 원(약 95억 달러)의 가치가 있다고 평가하고 기존 투자 지분 외 잔여 지분을 인수하여 완벽하게 자회사로 편입했다.

알리바바의 주요 사업 분야에서 진행된 주요 M&A 건을 살펴보자. 다음에 등장하는 숫자들은 알리바바의 최근 3년간 연차보고서에서 발췌했다.

## 전자상거래와 신유통 분야

• • •

### 인타임리테일

홍콩 증시에 상장되어 있던 백화점 체인이다. 중국 동부 지역을 중심으로 29개의 인타이백화점 점포와 17개의 쇼핑몰을 운영하고 있었다. 알리바바는 2014년 7월 7,700억 원(약 6.92억 달러)을 투자하여 9.9%의 소수 지분을 확보했고, 2016년 6월에는 전환사채를 통해 28%의 지분을 늘렸다. 그리고 2017년에는 추가로 18조 원(약 16억 달러)을 들여 74%의 지분을 확보한 다음 상장폐지 후 비상장사로 전환시켰다. 2018년 2월에는 9,400억 원(약 8.55억 달러)을 들여 소수 주주들로부터 잔여 지분을 인수하여 지분율을 98%로 끌어올렸다.

인타임리테일의 인수는 전통적인 유통 산업과 알리바바의 데이터 및 디지털 기술을 융합하여 O2O 플랫폼의 신유통를 실험하는 기회가 될 것이다. 티몰에는 이미 인타이백화점이 온라인으로 입점해 있고 실제 백화점에서 판매하는 패션과 명품 브랜드를 엄선해서 판매하고 있다. 또한 온라인과 오프라인의 가격을 똑같이 적용함으로써 오프라인 체험 공간으로서 인타이백화점을 활용하려 하고 있으며, 소비자들에게 좋은 물건도 싸게 살 수 있다는 인식을 심어주고 있다.

바이두에서 인타이백화점 지식검색을 해보면 "인타이백화점 티몰 스토어에서 파는 제품이 진짜인가요?"라는 질문이 종종 보인다. 진품임이 쉽게 믿기지 않는다면 인타이백화점 오프라인 매장에 가서 제품을 이리저리 살펴보고 같은 가격에 살 수 있다. 알리바바는 오프라인 공간에서 실제 체험을 제공함으로써 소비자들의 신뢰를 확보하고자 한다. 신뢰가 확보되면 소비자들은 굳이 체험을 위해 오프라인 매장을 찾아오지 않고 온라인 구매를 진행할 것이다.

## 선아트리테일

선아트는 홍콩 증시에 상장되어 있는 다룬파를 보유한 회사다. 2018년 1월에 알리바바는 선아트의 지분 31%를 확보했다. 다룬파는 중국 내 1위 할인점 업체이고 중국 내에 약 450개의 할인점을 두고 있다. 알리바바는 다룬파의 오프라인 구매 데이터를 티몰, 허마시엔성 같은 온라인 채널과 공유하여 분석·관리하기 시작했으며, 다룬파 및 그 외 온라인 채널과 연합하여 구매와 재고관리를 공동으로 함으로써 가격 및 서비스 경쟁력을 강화했다.

특히 다룬파는 할인점이 위치한 곳을 중심으로 3킬로미터 이내 지역은 1시간 내 배송을 진행함으로써 온라인 구매자나 오프라인 구매자들에게 새로운 O2O 서비스 체험을 제공한다. 이는 고객, 제품, 장소를 융합하고자 하는 알리바바 신유통 전략의 하나다.

알리바바의 허마시엔성은 다룬파와 협업하여 다룬파 내에 허샤오마라는 허마시엔성의 미니 버전을 출시하여 앞으로 중국 2선, 3선 도시에까지 허마시엔성을 확장하고 다룬파의 배송 역량을 활용할 계획이다.

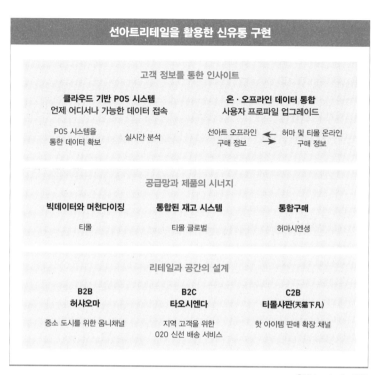

고객 정보를 통한 인사이트

**클라우드 기반 POS 시스템**
언제 어디서나 가능한 데이터 접속

**온 · 오프라인 데이터 통합**
사용자 프로파일 업그레이드

POS 시스템을
통한 데이터 확보      실시간 분석

선아트 오프라인 ← 허마 및 티몰 온라인
구매 정보      →      구매 정보

공급망과 제품의 시너지

**빅데이터와 머천다이징**      **통합된 재고 시스템**      **통합구매**

티몰      티몰 글로벌      허마시엔셩

리테일과 공간의 설계

**B2B**
**허샤오마**

**B2C**
**타오시엔다**

**C2B**
**티몰샤판(天猫下凡)**

중소 도시를 위한 옴니채널

지역 고객을 위한
O2O 신선 배송 서비스

핫 아이템 판매 확장 채널

출처: Investor Day 2018

## 포커스미디어

포커스미디어Focus Media Information는 선전 증시에 상장되어 있는 미디어 광고 회사로 극장이나 사무실, 아파트 엘리베이터의 포스터 및 디스플레이 광고를 주로 한다. 2018년 7월 알리바바는 2조 원(약 18억 달러)을 투자하여 지분 8%를 확보하기로 지주사와 자회사의 동의를 얻었고, 포커스미디어 창업주가 지배하는 지주사 지분의

23％도 5,700억 원(약 5.11억 달러)에 인수하기로 했다. 알리바바의 최대 수익원이 광고임을 고려할 때, 인수가 완료되면 앞으로 포커스미디어의 전략 투자자로서 온라인과 오프라인을 결합한 새로운 광고 사업 모델을 만들어낼 것으로 예상된다.

상하이에서도 오피스 빌딩이나 아파트 엘리베이터에 장착된 포커스미디어 디스플레이 기기를 쉽게 볼 수 있다. 만약 이 광고 공간이 안면인식 인공지능과 결합한다면 광고를 보고 있는 나에게 적합한 제품의 광고를 보여줄 것이며, 이를 통해 새로운 광고 수익을 창출하게 될 것이다. 지금까지 누구에게나 똑같은 영상과 메시지가 제시되던 광고 공간이 개인별 맞춤형으로 바뀐다면 광고 업계에 일대 혁신이 일어날 것이다. 광고주는 인공지능을 활용한 정확한 타깃 맞춤 광고를 통해 최저의 비용으로 최대의 효과를 거둘 수 있을 것이다.

## 소비자 서비스 분야

• • •

### 코우베이

2016년 알리바바가 자회사인 앤트파이낸셜과 공동으로 투자한 회사로, 현재 알리바바가 38％의 지분을 보유하고 있다. 음식점·영화관·호텔 등 서비스 업체 평가 및 중개, 할인쿠폰 제공, 어러머와 제휴한 배달 서비스 제공 회사이며 시장점유율에서는 비슷한 서비스를 제공하는 메이투안에 뒤처져 있다.

알리바바는 이 투자의 목적이 모바일 서비스를 통해 사용자에게 판촉정보를 제공함으로써 고객 체험을 향상시켜 사용자들의 정보를 입수하고, 더 나아가 사용자들이 알리페이를 사용해 오프라인에서 실질적인 서비스를 즐기도록 하는 것이라고 밝혔다. 알리바바는 이 분야의 경쟁력 강화를 위해 2018년 10월 코우베이와 어러머를 합병한다고 발표했다.

### 어러머

음식배달 서비스를 제공하는 중국판 '배달의 민족'으로, 2018년 3월 기준 중국 내 670개 도시를 커버하는 중국 최대의 온라인 배달 서비스 업체다. 알리바바는 2016년 8월에 1,400억 원(약 1.25억 달러), 2017년 4월에는 추가로 440억 원(약 0.4억 달러)을 투자하여 총 23%의 지분을 확보했다. 같은 해 앤트파이낸셜과 JV(합자회사)를 통해 1.3조 원(약 12억 달러)의 추가 투자를 진행했고 지분율을 43%까지 끌어올렸다. 2018년 5월에는 이 JV를 통해 6.1조 원(약 55억 달러)을 추가 투자하여 이리미의 지분 진량을 인수했다.

어러머는 알리바바 생태계에 포함됨으로써 알리바바의 신유통 전략에 맞추어 고객 경험의 수준을 더욱더 강화할 것으로 예상된다. 궁극적으로 다룬파, 허마시엔성의 온·오프라인, 어러머 온라인 서비스를 통해 진행하는 근거리 배송 서비스가 통합되어 시너지를 창출할 것이다.

어러머는 상하이에서 자주 이용하는 서비스인데 일반적으로 15위안(약 2,500원) 이상 음식을 구매하면 배송을 해주고, 배송비가 음식점에 따라 한 건당 3~7위안(약 500~1,200원) 정도로 상당히 저렴하다. 게다가 어러머는 여전히 프로모션을 진행하고 있다. 앱을 열자마자 오늘 구매 시 쓸 수 있는 쿠폰이 뜬다. 원하는 음식을 고르고 결제를 하려 하면 "10위안만 더 구매하고 알리페이 온라인으로 결제하면 10위안을 할인해드립니다"와 같이 추가 구매를 자극하는 메시지가 뜬다. 음식배달 서비스에서는 어러머와 메이투안이 치열한 경쟁을 벌이고 있다. 어러머는 알리바바 생태계, 메이투안은 텐센트 생태계 플랫폼이다.

### 디디추싱

디디추싱은 모바일 플랫폼을 통한 중국 최대의 차량공유 서비스 업체다. 알리바바는 2016년 6월에 220억 원(약 2,000억 달러)을 투자하여 현재 6%의 지분을 확보하고 있다.

디디추싱은 알리바바와의 협업을 통해 자사 앱에 가오더지도 서비스를 활용하고 있다. 이에 알리바바의 가오더지도 역시 디디추싱을 통해 사용자 기반을 확장할 수 있었다. 참고로 손정의 회장의 소프트뱅크가 디디추싱의 지분 20%를 보유하고 있다.

## 미디어, 엔터테인먼트 분야

• • •

### 유쿠

중국판 유튜브와 같은 서비스로 한때 뉴욕 증시에 상장되어 있던 동영상 서비스 플랫폼이다. 2014년 5월 알리바바는 1.2조 원(약 10.9억 달러)을 투자하여 16.5%의 지분을 확보했다. 그리고 2016년 4월에는 4.8조 원(약 44억 달러)을 추가 투자하여 비상장사로 전환함과 동시에 자회사로 편입했다.

유쿠는 알리바바의 생태계 내 고객들에게 디지털 엔터테인먼트를 제공하면서 역으로 광고를 유치하여 운영하고 있다. 전자상거래 플랫폼의 상품과 브랜드의 마케팅 채널로서 핵심 가치가 있는 서비스 플랫폼이다.

### 웨이보

미국 나스닥에 상장되어 있는 중국의 최대 소셜미디어 플랫폼이며 중국판 트위터다. 알리바바는 2013년 4월 6,500억 원(약 5.86억 달러)을 투자하여 18%의 지분을 확보했으며, 2014년 4월 추가로 5,000억 원(약 4.49억 달러)을 투자해 지분율을 30%로 끌어올렸다. 2016년 9월 일부 기존 주주의 주식을 매수하여 현재 총 31%의 지분을 보유하고 있다. 다만, 의결권을 행사할 수 있는 지분은 16%다.

따라서 웨이보는 여전히 시나그룹 소속의 회사인데, 알리바바에게 웨이보는 전자상거래와 시너지를 위한 중요한 소셜미디어다. 웨이보는 알리바바가 중국 유통 시장에서 고객을 추가로 확보하고 고객의 관여도를 높이는 데 가장 영향력 있는 소셜미디어 플랫폼 역할을 하고 있다. 티몰이나 타오바오에서 제품 구매 후 후기를 남기고 자신의 웨이보 계정에 쉽게 공유할 수 있다. 위챗과 같은 시장 지배적인 메신저 기반의 소셜미디어 플랫폼을 가지지 못한 알리바바로서는 웨이보가 입소문을 바탕으로 한 바이럴 마케팅의 중요한 수단이다.

### 다마이

콘서트 및 공연 온라인 티켓 구매 플랫폼이다. 알리바바는 2014년 7월 1,600억 원(약 1.44억 달러)을 투자하여 35%의 지분을 확보한 후, 2017년 3월에 4,400억 원(약 3.93억 달러)을 들여 지분 전체를 인수하여 자회사로 편입했다.

다마이는 라이브 콘텐츠를 제공하면서 디지털 미디어와 엔터테인먼트 사업 간의 시너지를 창출할 수 있는 플랫폼이다. 중국에서는 이 앱 하나면 문화생활이 다 해결된다. 2018년 말에 벌써 2019년 상반기의 모든 콘서트, 연극, 음악회, 운동경기, 전람회, 영화 정보가 다 들어와 있고, 티켓 구매 시 좌석까지 선정할 수 있다 (사실 영화 정보는 타오퍄오퍄오라는 알리바바 생태계 내 영화 전문 플랫폼에서 제공한다).

이 앱을 지속적으로 사용하다 보면 내가 구매했던 콘서트나 연극을 다마이가 잘 분석하여 "아마 이런 공연을 좋아할 것 같은데요?" 하고 나에게 적합한 공연이나 경기를 추천해준다. 또한 알리바바 VIP 회원에게는 이 플랫폼을 통해 구매할 경우 할인 혜택을 제공해 문화생활 또한 알리바바 생태계 내에서 해결할 수 있도록 한다.

### 완다필름

선전 증시에 상장되어 있으며 영화 투자와 배급 사업을 영위하는 회사다. 알리바바는 2018년 3월 8,200억 원(약 7.45억 달러)을 투자하여 8%의 지분을 확보했다. 완다와의 이 전략적 파트너십은 유쿠와 같은 알리바바의 디지털 미디어 플랫폼 및 온라인 티켓 판매 플랫폼을 더욱 강화해줄 것이다.

사실 알리바바는 알리바바픽처스라는 영화 투자 및 배급사를 자회사로 가지고 있다. 하지만 완다필름은 미국 시장 2위의 대형 영화관 체인인 AMC와 할리우드 영화 제작사 레전더리Legendary를 인수해 이미 세계적 규모로 성장한 대형 회사이고, 중국 내에서도 영화관 시장점유율 1위로 최다 스크린을 보유한 기업이다. 완다필름과의 전략적 협업은 앞으로 알리바바가 엔터테인먼트 분야에서 양질의 영화 콘텐츠를 확보하고 관련 사업을 진행하는 데 큰 도움이 될 것이다.

### 사우스차이나 모닝 포스트

2016년 4월 알리바바는 전통의 홍콩 영자신문 〈사우스차이나 모닝 포스트SCMP, South China Morning Post〉의 전체 지분을 3,300억 원(약 21.3억 홍콩달러)에 인수했다. 이 인수는 알리바바의 디지털 전문성과 SCMP의 신뢰성 및 뉴스 보도의 전문성을 결합해 중국과 홍콩의 뉴스를 활자 신문 외에도 디지털 채널을 통해 글로벌 독자들에게 제공하기 위해 이뤄졌다.

알리바바그룹 부회장 차이충신은 서구의 주류 매체는 중국이 공산주의 국가라는 편견을 가지고 보도하지만, SCMP는 편견 없이 있는 그대로 보도할 것이며 다양한 시각을 제공하고자 한다고 밝혔다. 어떻게 해석하면 편집의 독립권을 보장한다는 말처럼 들릴 수 있으나, 현재 SCMP는 과거와 달리 베이징 중앙정부 인사들을 과감히 비판하지 않는다. 급속히 변하는 인터넷 시대에서 디지털로 변화는 할 수 있었으나 알리바바라는 사업체를 지키기 위해 친중 노선을 걸을 수밖에 없게 된 것이다. 앞서 이야기한 바와 같이 중국은 기업 활동을 전개하기에 정부 규제 리스크가 상당히 큰 국가다. 정부가 마음먹기에 따라 알리바바 같은 대기업도 순식간에 풍전등화의 위기에 몰릴 수 있다.

## 물류 분야

• • •

알리바바는 물류를 높은 수준의 고객 체험을 위한 전자상거래의 핵심 경쟁력 중 하나라고 보고 있다. 이 분야에서도 중요한 회사들에 전략적 투자를 감행했다.

### 차이냐오

국내외 물류사 및 택배사들과 협업하여 고객의 다양한 물류 수요를 충족시키기 위해 물류 데이터를 운영하는 플랫폼이다. 물류의 효율성을 극대화하기 위해 차이냐오는 네이터에서 얻을 수 있는 인사이트 및 기술을 활용한다. 2017년 10월 알리바바는 신유통 전략을 강화하기 위해 8,800억 원(약 8억 달러)의 추가 투자를 통해 기존 47%였던 지분율을 51%로 끌어올리고 차이냐오를 자회사로 편입했다. 차이냐오는 더 빠른 물류 서비스를 통해 알리바바 생태계 내 고객의 체험 수준을 향상시키고 중국 물류 영역에서 효율성을 더 증가시키며 추가 비용을 절감하게 해줄 것이다.

차이냐오의 특징은 물류를 직접 운영하지 않고 많은 회사와 협업하면서 그 회사들과 데이터를 주고받아 활용한다는 것이다. 또한 중국 전역을 커버할 수 있도록 중국 내 주요 물류 거점에 15개의 대형 창고를 세웠다. 알리페이를 통해 차이냐오 플랫폼을 활용하여 택배 배송 주문을 할 수 있는데, 픽업하러 오는 회사는 차이냐오와 협업하는 택배 회사들 중의 하나다(한국에서는 차이냐오처럼 온라인 플랫폼만으로 물류 사업을 하는 회사는 아직 없다). 또한 차이냐오는 알리바바 전자상거래의 글로벌 영향력을 바탕으로 직구나 역직구 사업을 위해 해외에 물류 거점을 확보해나가고 있다. 이 또한 해당 국가의 물류 업체와 파트너십으로 진행한다. 차이냐오는 물류 사업을 하는 데 데이터와 시스템을 장악하고 실제 실행은 물류를 잘하는 협력사에 맡긴다.

만약 차이냐오라는 물류 플랫폼이 없었다면 2018년 광군절 하루에 쏟아진 10억 건의 배송을 제때 해결하지 못했을 것이다. 광군절 행사 초기였던 2012년, 2013년만 해도 온라인 주문 후 3~4주는 기다리는 것을 기본으로 생각했는데 이제 1주일이면 거의 모든 제품이 배송된다. 그동안 중국의 물류도 데이터 처리량, 창고작업 및 배송 효율화 측면에서 상당히 고도화된 것이다.

## 르르순물류

르르순물류日日順物流는 홍콩 증시에 상장되어 있으며 중국 가전 회사인 하이얼그룹의 물류 자회사다. 알리바바는 배송 및 설치 서비스 강화를 위해 2014년 3월 28.21억 홍콩달러를 투자해 9.9%의 지분을 취득했다. 2017년에는 초기 투자분인 전환사채를 주식으로 전환해 지분율을 24%까지 끌어올렸고, 2017년 5월에는 1,100억 원의 추가 투자를 통해 지분을 34%까지 증가시켰다.

르르순과의 협업은 대형 가전 분야의 배송, 설치, A/S 분야에서 경쟁력을 높이기 위함이다. 일반택배는 자동화 분류 라인을 타야 하기에 박스의 최대 크기가 한정되어 있다(한국에서도 택배 발송 시 박스 세 변의 합이 160센티미터를 초과하면 일반택배로 접수되지 않는다). 전자상거래에는 가전이나 가구 등 대형 제품들도 있기 때문에 대형 제품들의 배송 수요를 충족시킬 수 있도록 르르순물류에 전략적 투자를 진행한 것이다. 전자상거래에서 발생하는 물류 수요를 모두 충족시키는 것이 알리바바의 복표이기 때문이다. 지금은 차이냐오라는 물류 플랫폼을 통해 이 모든 수요를 담아낸다.

## 위안퉁익스프레스

알리바바는 2015년 5월 714억 원(약 4.2억 위안)을 투자하여 중국 선두 택배 회사인 위안퉁익스프레스의 지분 12%를 인수했다. 2016년 9월 위안퉁은 상하이 증시에 우회상장했고, 이때 알리바바는 추가 신주 투자를 통해 11%의 지분을 보유했다. 위안퉁은 차이냐오 데이터 플랫폼에 참여하는 15개 택배사 중에서도 중요 택배사다. 알리바바는 위안퉁과의 전략적 협업을 통해 다른 택배사들이 벤치마킹할 수 있는 표준 배송 서비스를 제공하고, 자사 전자상거래 플랫폼의 배송에 대한 고객만족도를 향상시키려 하고 있다.

알리바바는 위안퉁 이외에도 2018년 5월 미 뉴욕 증시에 상장된 중퉁택배의 지분 10%를 취득했고, 바이스택배에는 2009년부터 네 차례의 투자를 통해 차이냐오와 함께 27%의 지분을 이미 확보했다. 여러 물류 실행사들에 전략적 투자를 지속함으로써 그들을 알리바바 생태계 내의 영향력하에 두는 작업을 착실히 진행 중이다.

물류는 네트워크를 어떻게 확보하고 그 네트워크 안에서 어떻게 영향력을 발휘하는가에 따라 성패가 갈린다. 알리바바는 차이냐오 네트워크 안에 들어올 수 있는 회사들을 확보하고 그 회사들에 지분 투자를 함으로써 네트워크 안에서 영향력을 발휘하고 있다.

## 싱가포르 포스트

싱가포르 포스트Singapore Post는 싱가포르 국영 기업으로 싱가포르 증시에 상장되어 있다. 알리바바는 2017년 1월 1,500억 원(약 1.34억 달러)의 신주 인수를 통해 14%의 지분을 확보했다. 또한 아시아 태평양 지역 전자상거래 물류를 강화하기 위해 싱가포르 포스트 전자상서래 물류 자회사에 690억 원(약 0.62억 달러)을 투자하여 34%의 지분을 확보하기도 했다.

이는 라자다를 인수하고 인도네시아 토코피디아Tokopedia에 지분 투자를 진행한 것과 함께 알리바바가 동남아 시장에 지대한 관심을 갖고 있음을 보여준다.

# 해외 사업 확장 분야

• • •

## 라자다

인도네시아, 말레이시아, 필리핀, 싱가포르, 타이, 베트남에서 전자상거래 플랫폼을 운영하는 회사다. 알리바바는 동남아 전자상거래 플랫폼 및 물류 인프라 확보를 위해 2016년 4월 1.1조 원(약 10억 달러)을 투자하여 대주주 지분을 확보했다.

알리바바의 중국 제품 조달 능력이 라자다의 플랫폼과 결합하여 큰 시너지를 만들 것이며, 라자다는 알리바바의 동남아 시장 진출에 핵심 플랫폼이 될 것이다.

### 페이티엠

페이티엠Paytm은 인도의 가장 큰 지급결제 서비스 사업자로 알리바바가 9%의 지분을 소유하고 있다. 2017년 3월 페이티엠은 전자상거래 사업을 자회사 페이티엠몰로 분리했으며, 알리바바는 페이티엠몰에도 1,960억 원(약 1.77억 달러)을 투자해 36%의 지분을 확보했다. 페이티엠과 페이티엠몰은 결제와 전자상거래라는 양대 축으로서 알리바바가 인도 시장으로 확장하는 데 발판이 될 것이다.

### 토코피디아

인도네시아 1위 전자상거래 플랫폼이다. 알리바바는 2018년 4,900억 원(약 4.45억 달러)을 투자했으며 최초 투자 완료 후 2년 내에 5,500억 원(약 5억 달러)의 추가 투자를 하기로 계약했다.

이 투자는 동남아에서 알리바바 전자상거래의 영향력을 더욱 확대시킬 것이며, 토코피디아를 인도네시아 전자상거래 시장에서 확실한 1위 기업으로 자리 잡게 할 것이다.

# 가장 매력적인 차세대 시장,
# 인도

## 인도에 상륙한 전자상거래 빅 3

* * *

2018년 무역전쟁으로 신흥국들의 경제가 침체되어 있으나, 인도
는 연 7%대라는 높은 GDP 성장률을 보이며 중국에 이은 새로운
세계 경제의 성장 엔진으로 떠오르고 있다. 인도 소매 시장 규모는
2017년 6,720억 달러(약 751조 원)에서 2020년 1조 1,000억 달러(약
1,222조 원)로 증가할 것으로 전망된다. 인도 전자상거래 소매 시
장도 2017년 178억 달러(약 19조 원)에서 2018년 약 300억 달러(약
33조 원)로 늘어날 것으로 예상된다.

　당연히 아마존, 알리바바 같은 글로벌 전자상거래 업체들이 눈
독을 들이고 일찌감치 인도에 진출했다. 3년 전 인도에 진출한 아
마존은 인도 진자싱거래 1위 기업인 플립카트Flipkart와 치열한 선두
경쟁을 하고 있다. 아마존의 적수인 월마트도 인도 전자상거래 시

| 구분 | 월마트 계열 | 알리바바 계열 | 아마존 |
|---|---|---|---|
| | **글로벌 전자상거래 업체의 인도 공략** | | |
| 글로벌 기업과 현지<br>업체의 협업 관계 | 플립카트 | • 인도 최대 전자결제 업체:<br>  페이티엠<br>• 인도 최대 유통 업체:<br>  릴라이언스<br>• 온라인 슈퍼마켓:<br>  빅바스켓<br>• 음식배달: 조마토<br>• 전자상거래 전문 몰:<br>  익스프레스비 | 쇼퍼스톱 |
| 기타 투자사 | 구글 | 소프트뱅크 | 해당 없음 |
| 주요 공략 분야 | 전자상거래,<br>클라우드 | 전자결제, 음식배달(O2O),<br>물류 | 전자상거래,<br>클라우드 |
| 2017년 매출액 | 75억 달러 | 40억 달러 | 50억 달러 |
| 특징 | IT 기술 방면에서 구글 및<br>현지 전자상거래 업체와<br>협업 | 현지 업체를 인수하고<br>지원하여 중국식 성공<br>모델을 인도 시장에 적용 | 아마존 프라임, 프라임나우,<br>비디오 스트리밍 등의<br>서비스 제공 |

장을 놓치지 않기 위해 160억 달러를 투자해 플립카트 지분 77%
를 인수했다. 인도에서 아마존과 월마트가 한판 승부를 벌일 것으
로 보인다.

반면, 알리바바는 인도 1위 전자결제 업체인 페이티엠의 대주주
로 올라서면서 전자결제 시장을 바탕으로 전자상거래와 클라우드
컴퓨팅 시장을 확보하는 데 집중하고 있다. 2010년에 설립된 페이
티엠은 최근 화폐개혁을 바탕으로 2억 명 이상의 사용자를 확보하
면서 시장가치가 70억 달러 이상으로 평가받고 있다. 페이티엠은

2020년까지 5억 명의 사용자를 확보한다는 계획이다. 앞으로 인도에서는 이 '빅 3'가 로컬 업체와 연합군을 형성하면서 치열한 경쟁을 벌일 것으로 보인다.

## 인도 전자상거래의 연합군

• • •

중국에서는 알리바바에 대항하여 텐센트와 징둥이 연합군으로서 싸우고 있지만, 아직은 알리바바가 절대적으로 강자다. 미국에서도 구글과 월마트 연합군이 아마존에 대항하고 있지만, 역시 아마존이 절대 강자다. 재미있는 것은 구글과 월마트가 징둥에 투자하여 중국 시장 진입을 노리고 있다는 것이다. 1위를 물리치기 위해서 나머지 기업들이 힘을 합치는 모습이다.

월마트는 2018년 8월 2분기 깜짝 실적을 발표했는데 역대 최고의 성적이었다. 아마존을 따라서 온라인을 강화하고 구글과 협업한 것이 효과를 본 것이다. 알리바바가 중국에서 신유통 혁명을 이끈 것처럼, 미국 소비자들도 여전히 오프라인에서 쇼핑하기를 좋아한다는 걸 알 수 있다.

미국에서는 아마존이 절대 강자이지만, 인도에서는 월마트가 플립카트 지분을 인수함으로써 아마존을 앞서고 있다. 이런 먹고 먹히는 M&A 과정은 과거 제국주의 시절에 누가 먼저 식민지를 차지하여 강국이 되느냐와 매우 비슷하다. 다시 말하면, '미국의 FAANG vs 중국의 BAT' 중심으로 서로 자신들의 디지털 식민지를 건설하는 것이다. 구체적으로는 전자상거래, 결제, 물류정보를 장악하고 더 많은 서비스를 제공하여 그 나라의 인프라를 장악하는 데 주력한다.

중국에서 모바일 전자상거래 시장이 폭발적으로 성장했듯이, 인도에서도 같은 일이 일어나고 있다. 인도 전자상거래는 플립카트와 아마존이 선두 경쟁을 벌이고 있으나, 최근 알리바바가 투자한 인도 1위 전자결제 업체인 페이티엠이 페이티엠몰로 부상하고 있다. 얼핏 보기에는 소프트뱅크와 알리바바가 인도 전자상거래에서 밀리는 것 같지만, 실제로는 결제 데이터를 장악하면서 영역을 확장하고 있다.

3년 전 인도에 진출한 아마존이 무섭게 치고 올라오자, 2017년에 플립카트와 인도 전자상거래 '빅 3' 중 하나인 스냅딜Snapdeal(소프트뱅크의 손정의 회장이 대주주다)이 합병을 통해 아마존에 대항하려고 했으나 무산됐다. 그 후로 스냅딜은 '빅 3'에서 탈락했고, 플립카트 지분도 월마트에 매각함으로써 인도 전자상거래에서 밀리는 것처럼 보였다. 하지만 플립카트 지분을 모두 월마트에 넘기고 단기간에 60% 수익을 남겨 새로운 실탄을 마련하여 알리바바와 함께 인도 1위 전자결제 업체인 페이티엠에 투자했다.

얼마 후에 또 알리바바는 인도 최대 재벌 기업인 릴라이언스그룹과 JV를 설립하기로 했다. 중국에서 신유통 전략을 통해 오프라인을 온라인과 통합했듯이, 인도에서도 페이티엠을 통해 신유통 전략을 펼치려는 것이다.


## 누가 글로벌 전자상거래를 장악할 것인가?

• • •

2018년 8월 이후로 미·중 무역전쟁은 치킨게임 양상으로 치닫고 있다. 미국은 관세를 올려서 글로벌 불균형을 맞추려는 의도라고 밝혔지만, 사실상 미국과 중국 간의 기술 패권 전쟁이다. 아직 미국이 인공지능과 반도체 등 첨단 기술에서 앞서고 있지만, 방대한 인구를 바탕으로 데이터를 축적하고 있는 중국이 빠르게 따라잡고 있기 때문이다.

상황이 이러한 만큼 미국이나 중국 모두 인도, 동남아를 비롯한 해외 시장을 선점하는 것이 무엇보다 중요해졌다. 이와 같은 글로벌 IT 업체 간 경쟁은 인도 내부에 데이터센터를 세우고 해외로 데이터를 반출할 경우 승인을 요구하는 규제를 불렀다. 인도에서도 자국 기업에 기회를 주면서 알리바바 같은 기업을 키우자는 목소

리가 나오기도 하지만, 이미 너무 늦은 감이 있다. 결국 미국과 중국을 대표하는 IT 기업이 대부분의 시장을 나눠 가질 것으로 보인다.

개별 기업을 보면 알리바바나 아마존이 전자상거래 패왕인 듯하지만, 나는 글로벌 전체로 보면 일본 소프트뱅크 손정의 회장이 진정한 리더라고 본다. 손정의 회장은 알리바바의 대주주일 뿐만 아니라 인도네시아의 토코피디아, 인도의 스냅딜과 페이티엠, 한국의 쿠팡, 일본의 야후재팬 지분도 가지고 있기 때문이다. 이 중에서 쿠팡은 적자가 심해져서 알리바바에 인수될 거란 소문이 계속 돌고 있다. 아시아 전자상거래를 꿈꾸는 손정의 회장이 알리바바의 대주주이고, 결제 시스템을 하나로 묶어서 거대한 알리바바 경제 체제를 이루는 것이 그의 목표이기 때문이다. 결국 소프트뱅크와 알리바바는 아시아 지역의 전자상거래, 결제, 물류를 통합하는 큰 그림을 그리면서 아마존에 대항할 것으로 보인다.

투자의 귀재 워런 버핏 또한 2018년 8월 페이티엠에 4,000억 원을 투자했다. 버핏 역시 가장 중요한 정보는 바로 결제 데이터이고, 이를 장악한 회사가 최종 승자가 되리라고 봤기 때문일 것이다. 소프트뱅크는 일본 기업이지만, 항상 글로벌 마인드로 무장하고 전 세계 전자상거래뿐만 아니라 차량공유 시장까지 장악하고 있다.

# 동남아에 제2의 알리바바
# 생태계를 구축한다

## 동남아 시장

• • •

중국의 모바일 인터넷 사용자는 2017년 7억 명을 돌파했다. 2018년 1월 31일 중국인터넷정보연구소中国互联网络信息中心에서 발표한 '제41차 중국인터넷 발전 현황 통계 보고'에 따르면 2017년 12월 집계 기준 중국 내 인터넷 사용자는 총 7억 7,200만 명으로 보급률이 55.8%에 이르렀다. 도시 지역 사용자가 77.8%를 차지하며, 모바일 인터넷 사용자의 비중은 전체 사용자의 97.5%인 7억 5,300만 명이다.

이처럼 14억 인구의 절반 이상이 모바일 인터넷으로 연결되어 있고, 소비 여력이 있는 도시 사용자들의 비중이 상당히 높기 때문에 이제 성장은 할 만큼 했다고 볼 수 있다. 또한 과거 산아 제한 정책의 영향으로 인구가 급속히 고령화됐다는 점 또한 경제 성장에

부정적인 요인이다.

최근 중국의 성장은 모바일 인터넷 사용자의 급속한 증가를 바탕으로 산업 구조가 재편되면서 이뤄졌다. 이를 고려할 때 앞으로는 최근 10년과 같은 IT 산업 고성장은 기대하기 힘든 상황이다. 한마디로, 기존 전자상거래 및 각종 인터넷 서비스 영역에서 새로운 혁신 모델을 찾지 않는 이상 중국도 성장의 포화상태에 이르렀다고 볼 수 있다. 따라서 중국 선두 IT 기업들도 중국 밖에서 활로를 찾지 않으면 앞으로 지속적인 성장을 기대하기는 힘든 상황이 됐다.

알리바바 역시 중국에서 일군 성공적인 사업 모델을 해외에 안착시키려는 시도를 하고 있으며, 그 첫 번째 시도로 동남아에서 공격적으로 사업을 전개하고 있다. 동남아는 알리바바에 상당히 매력적인 시장이다. 그 이유를 몇 가지 짚어보자.

첫째, 인도차이나반도 및 말레이제도에 걸쳐 있는 동남아시아 시장의 총인구는 6억 4,000만 명이다. 인터넷 경제는 인구가 큰 시장을 대상으로 해야 폭발적인 성장을 이룰 수 있다는 측면에서 동남아는 매력적이지 않을 수 없다. 현재 동남아의 인터넷 사용 인구는 3억 4,000만 명 정도로 보급률이 53%에 이른다. 그리고 아직 전자상거래, 핀테크 등 인터넷 서비스 산업이 중국처럼 성숙하지 않았다는 점, 특히 총인구의 65% 이상이 35세 미만 인구라는 점을 고려한다면 앞으로 성장의 여지는 충분해 보인다.

둘째, 동남아시아에는 중국과 친숙한 화교 네트워크가 존재하므로 중국 기업들이 이들을 잘 활용할 수 있다. 동남아 화교들은 각국의 경제권을 쥐고 있는 것으로 유명하다. 싱가포르는 77%가 화교 인구이니 말할 것도 없고, 인도네시아는 화교 인구가 전체 인구의 5%인 약 1,300만 명이며 상장기업의 70%를 화교 자본이 장악하고 있다. 또한 타이와 말레이시아에서 화교 인구는 각각 1,200만 명, 750만 명 정도로 추산되는데 이들 국가에서도 경제적 영향력이 압도적이다. 따라서 중국 회사 입장에서는 화교 네트워크를 통해 같은 중국인의 정서를 활용하여 동남아 시장에 비교적 쉽게 접근할 수 있다.

셋째, 동남아에는 아직도 성장 잠재성이 풍부한 국가들이 많다. 싱가포르나 말레이시아와 같이 1인당 GDP가 6만 달러, 1만 달러가 넘는 나라도 있지만 타이(7,000달러), 인도네시아(4,000달러), 필리핀(3,000달러), 베트남(2,500달러) 등 저개발 국가들이 더 많다. 현재 동남아에서는 제조업이 급격히 성장하고 있으며, 미국과 중국의 무역전쟁으로 인해 동남아가 세계의 공장 중국을 대체할 지역으로 주목받고 있기도 하다.

# 라자다, 동남아의 알리바바

• • •

알리바바는 2016년 4월 라자다의 지분 54%를 10.2억 달러(약 1.1조 원)에 인수함으로써 최대 주주로 등극했다. 2017년 6월에는 10.2억 달러(약 1.1조 원)를 추가 투자하여 지분율을 83%로 끌어올렸으며 2018년 초까지 기존 경영진의 잔여 지분을 인수하여 총 91%의 지분을 확보했다. 2018년 3월에는 라자다에 20억 달러(약 2.2조 원)의 추가 투자 계획을 밝히고 앤트파이낸셜의 회장이자 알리바바 창업자 18인 중 한 사람인 펑레이彭蕾를 CEO로 파견했다. 사업자금의 추가 투자 규모나 인력 배치 측면에서 알리바바는 동남아에서 진검 승부를 펼쳐 보이겠다는 의지를 불태우고 있다.

라자다는 인도네시아, 말레이시아, 필리핀, 싱가포르, 타이, 베트남에서 전자상거래 플랫폼을 운영하는 회사다. 독일 로켓인터넷Rocket Internet이 2012년에 설립했으며 2017년 판매품목 2,000만 개, 동남아 전자상거래 월 방문자 수 1위, 거래액 11억 달러(약 1.2조 원)를 기록한 동남아 최대 전자상거래 플랫폼이다. '동남아시아의 아마존'이라고 불릴 정도로 아마존의 모델을 철저히 벤치마킹했으며, 자체 물류망을 구축하고 직접 물건을 사들여 판매하는 것으로 사업을 시작했다. 2013년에는 오픈마켓플레이스를 열어 판매자와 구매자를 연결해주는 중개 플랫폼도 시작했다. 결제 방식은 자체 헬로페이라는 결제 시스템을 구축했지만 배송 후 현금 결제를 선호하는 동남아 시장의 특성을 잘 반영하여 배송 후 결제도 가능케 했다. 동남아 여러 시장은 물류와 결제에 취약한데 이런 문제점을 잘 파악하여 대응한 점이 오늘날 라자다를 만든 것이다.

하지만 라자다는 동남아의 대부분 플랫폼이 그런 것처럼 여전히 이익을 창출하지 못하고 있다. 동남아 시장에서 플랫폼 기업들은 여전히 수익보다는 성장에 포커스를 두고 있기 때문이다. 그럼에도 알리바바는 앞으로 동남아에 견실한 수익을 창출하는 제2의 알리바바를 만들 수 있다는 자신감을 가지고 거액의 투자를 단행한 것이다.

알리바바의 라자다 인수 후 어떤 변화가 있었을까?

첫째, 알리바바는 라자다 플랫폼에 타오바오 컬렉션을 만들었다. 이로써 타오바오 플랫폼의 경쟁력 있는 상품들이 중국 알리바바의 티몰글로벌이나 알리익스프레스가 아닌 동남아 6개국에서 친숙한 라자다 플랫폼을 통해 판매할 수 있게 됐다.

둘째, 알리바바는 2016년 라자다를 통해 싱가포르의 온라인 식료품 배송 서비스 스타트업인 레드마트Red Mart를 인수했다. 현재 중국에서는 식료품 및 음식배달과 관련된 다양한 온라인 서비스가 제공되고 있는데 앞으로 동남아에서도 레드마트를 통해 다양한 시도가 있을 것으로 예측된다.

라자다는 홍콩, 태국, 베트남, 필리핀, 말레이시아, 싱가포르, 인도네시아 등 6개국에 진출해 있다.

싱가포르 온라인 식료품 배송 서비스 레드마트.

라자다는 레드마트 인수 이후 라이브업Liveup이라는 프리미엄 회원제도 서비스 중이다. 연간 회비가 28.80싱가포르달러(약 2만 4,000원)로, 아마존 프라임 서비스 같은 정기 배달 및 구독 서비스다. 라이브업 회원이 되면 라자다, 레드마트에서 상시 할인 및 무료 배송 서비스를 제공받을 수 있으며, 오포 자전거공유 및 그랩 차량

공유 서비스에서는 우대 혜택을 받을 수 있다. 또 넷플릭스 콘텐츠도 제공되는 등 알리바바가 구축해놓은 생태계 내 다양한 혜택을 누릴 수 있도록 했다. 알리바바가 중국에서 했던 것처럼 동남아에서는 라자다를 통해 다양한 콘텐츠 및 서비스를 엮어 충성 고객을 확보하려는 것이다.

셋째, 알리바바는 라자다를 활용하여 모바일 결제 시장 진출에 시동을 걸고 있다. 과거 중국이 그랬던 것처럼 동남아는 신용카드 보급률이 턱없이 낮기 때문에 현금 결제가 모바일 결제로 넘어갈 가능성이 크다. 라자다가 가지고 있던 헬로페이는 2017년 앤트파이낸셜에 흡수된 후 브랜드명이 알리페이로 바뀌었으며, 이커머스 플랫폼에서 온라인 결제를 더욱 활성화하고 QR코드를 활용한 온·오프라인 결제를 동남아에 이식하고자 계획하고 있다.

## 인도네시아 시장

• • •

인도네시아는 인구 2억 6,000만 명으로 동남아의 최대 시장이며 1인당 GDP가 4,000달러 정도밖에 안 된다는 점을 볼 때 앞으로 성장 잠재력이 상당히 큰 시징이다. 특히 1억 5,000만 명의 인구가 쇼핑 인프라가 부족한 지방에서 살고 있어 앞으로 온라인 쇼핑에 대한 수요가 폭발적으로 늘 것으로 예상된다.

알리바바는 2016년 라자다를 인수해 인도네시아 시장에 진출했음에도, 2017년 인도네시아에서 라자다와 1위를 다투는 로컬 전자상거래 플랫폼인 토코피디아에 4.45억 달러(약 4,900억 원)를 들여 소프트뱅크와 함께 소수 지분 투자를 진행했다. 라자다가 알리바바의 회사인데 그 경쟁사에도 또 투자를 하다니 알다가도 모를 일이다. 시장에서는 알리바바가 결국 라자다와 토코피디아를 합병하려는 포석이 아닌가 하는 의구심을 많이 가지고 있었다.

그런데 토코피디아 CEO인 윌리엄 타누위자야가 싱가포르 방송국과의 인터뷰에서 알리바바의 경영 참여는 전혀 없으며 독립적으로 경영하고 있다고 밝혔다. 결국 인도네시아 시장의 갈 길이 중국이 이미 걸어온 길이므로, 토코피디아 입장에서는 알리바바의 지

인도네시아의 로컬 전자상거래 플랫폼 토코피디아.

분 참여로 더 유리해졌다고도 이야기했다. 토코피디아의 직원들이 중국에 가서 알리바바를 벤치마킹하고 현장교육에 참여하는 등 좋은 교육 기회가 주어졌다는 것이다. 토코피디아 또한 라자다처럼 현재 수익이 나지 않고 있는 플랫폼이지만 앞으로의 잠재성을 인정받고 있다. 타누위자야 CEO는 앞으로도 수익보다는 인도네시아 시장에 전자상거래를 정착시키는 데 더 힘을 쏟을 거라고 한다. 규모가 갖춰진다면 수익은 자연스럽게 따라올 것이다.

사실 온라인 전자상거래 플랫폼이 제품 거래의 중개만 해서는 수익을 낼 수가 없다. 중국 알리바바의 가장 큰 수익원이 전자상거래 수익이 아닌 마케팅과 광고 수익이듯이, 라자다나 토코피디아도 전자상거래 시장을 장악하고 규모의 경제를 가질 때 발생하는 마케팅 수입이 투자자에 대한 보상이 될 것이다. 10년 전 타오바오 플랫폼이 지금에 비하면 별것 아니었듯이, 10년 후 인도네시아 시장에서 라자다와 토코피디아는 현재와 상당히 다른 규모와 모습으로 성장해 있을 것이다.

앞으로 10년간 이루어질 플랫폼들의 연합과 생태계 구축이 기대된다. 중국에서 알리바바가 그랬듯 전자상거래 플랫폼은 여러 서비스와 융합하여 생태계를 구축할 때만 시너지가 생기고 더 큰 수익이 발생할 수 있다. 그 과정에서 지급결제 생태계를 어떻게 구축하는지도 상당히 중요한 부분인데, 지급결제 플랫폼이야말로 알리바바가 절대 포기할 수 없는 사업일 것이다.

알리바바의 라이벌인 텐센트는 2017년 오토바이 공유경제 O2O 서비스 제공 업체인 고젝Gojek에 12억 달러(약 1.3조 원)를 투자했다. 당시 고젝은 30억 달러의 기업가치를 인정받았다. 고젝은 승객 운송뿐만 아니라 오토바이를 활용한 퀵서비스, 음식배달 서비스 등 다양한 서비스를 제공하는 회사다. 2018년에는 고페이Gopay라는 지급결제 플랫폼을 출시하여 고젝이 제공하는 다양한 서비스에서 결제할 수 있도록 했다. 알리바바도 알리페이를 여러 서비스 생태계에 노출시켜야 할 것이기에 인도네시아 내 여러 온라인 서비스 기업에 대한 투자가 지속될 것이다.

출처: 고젝

텐센트는 인도네시아 오토바이 공유경제 O2O 서비스인 고젝에 투자했다.

# 알리바바와
# 한국

## 엔터테인먼트와 클라우드

• • •

알리바바는 2015년 5월 18일, 자사 B2C 플랫폼 티몰에 국가 단위 전용관으로는 최초로 '한국관(korea.tmall.com)'을 오픈했다. 당시 알리바바가 한국 시장에 본격적으로 진출하려는 것 아니냐는 우려도 있었지만, 한국 제품을 중국 시장과 연결해주는 채널 역할을 하는 것이 목적이었고 현재도 운영되고 있다.

당시 마윈 회장이 한국에 와서 오픈 기념행사를 하기도 했다. 또그는 KBS의 〈글로벌 경제, 아시아 시대를 열다〉라는 프로그램에 출연하여 평범한 청년이 어떻게 알리바바를 일구게 됐는지를 설명하고 미래 시대를 예견함으로써 한국 사람들에게 알리바바와 마윈에 대한 강한 인상을 남겼다.

2016년 2월에 알리바바는 355억 원을 투자하여 SM엔터테인먼

티몰 내 한국관.

트의 지분 4%를 인수했다. 샤미뮤직, 유쿠, 알리바바픽처스 등 자사 생태계 내 다양한 미디어 기업을 위한 콘텐츠를 확보함으로써 시너지를 창출하기 위해서다. SM으로서도 알리바바를 통해 중국 진출을 가속화할 기회가 된다. 같은 해에 발생한 사드 이슈로 당분간 이 협업이 빛을 발하지는 못했지만, 이 전략적 협업은 알리바바가 앞으로 한국 시장에서 알리바바에 친화적인 생태계를 구축하는 데 중요한 교두보 중 하나가 될 것이다.

요란한 전자상거래나 엔터테인먼트 투자와 달리, 알리바바클라우드는 한국 법인 및 파트너사를 통해 2016년부터 비교적 조용히 사업을 진행하고 있다. 알리바바클라우드 한국은 한국 고객에게 안정적인 클라우딩 서비스를 제공하는 것을 목적으로 한다. 중국 내 ICP 허가를 도와준다는 큰 장점이 있기에 중국에 진출하는 한

264　알리바바가 온다

국 기업들에는 상당한 도움이 되는 서비스다. 알리바바클라우드에서도 한국 기업이 중국에서 사업할 수 있도록 적극적으로 지원해줄 수 있다는 것을 차별화된 장점으로 내세운다. 또한 알리바바가 매년 개최하는 알리바바 국제 창업대회Alibaba Cloud Startup Contest에 유망 스타트업들이 진출할 수 있도록 지원하고 있다.

알리바바는 2017년 클라우드 및 전자상거래 부분 올림픽 공식 파트너가 됐고, 자사 클라우드컴퓨팅을 통해 올림픽 빅데이터 분석과 운영 효율화를 추진하고 있다. 2018년 평창올림픽에서 알리바바는 강릉에 홍보관을 열고 마윈 회장이 직접 한국을 방문해서 올림픽이라는 무대를 통해 알리바바의 클라우드 기술을 제대로 홍보했다. 올림픽 관련 '스포츠 브레인'이라고 명명한 클라우드 기술을 공개했는데, 2022년 베이징 동계올림픽에 이를 실제 적용할 계획이다. 평창올림픽에서 선보인 기술은 알리바바가 중국 시장 위주의 로컬 기업이 아닌 글로벌 기업이라는 위상을 제대로 보여주었다. 평창올림픽을 통해 한국 사람들에게 알리바바라는 이름이 선두 IT 기업으로 다시 한번 각인됐다.

출처: 알리바바 그룹

알리바바 강릉 홍보관의 모습(위). 평창 올림픽 당시 마윈 회장은 토마스 바흐 IOC위원장과 알리바바 홍보관을 직접 방문하기도 했다(아래).

## 알리바바와 카카오페이

· · ·

2017년 2월 앤트파이낸셜이 카카오의 자회사 카카오페이에 2억 달러(약 2,200억 원)를 투자한다고 발표했다. 당시 카카오가 핀테크 사업부를 분리하여 법인을 설립했고 앤트파이낸셜이 신주를 인수하는 방식으로 투자가 이루어졌다. 이를 통해 앤트파이낸셜은 카카오페이의 지분 39.1%를 보유하게 됐다. 이는 알리바바가 자사 플랫폼이 아닌 카카오를 통해 한국 시장에 진출하려는 것으로 해석된다.

2018년 5월부터 카카오페이는 '수수료 없는 결제'라는 장점을 내세우며 제휴 가맹점을 빠르게 확보해가고 있으며, 9월에는 소상공인 가맹점 10만 개를 돌파했다. 카카오페이에 QR코드 결제 키트를 신청하면 보내주는데, 복잡한 기기가 아니고 상호와 함께 QR코드를 인쇄한 종이 패널로 판매자의 QR코드를 사용자가 스캔하는 MPM 방식이다. 중국에서는 이미 보편화된 방식의 서비스가 한국에서는 카카오페이와 알리바바의 협업하에 공격적으로 추진되고 있다.

2018년 9월에는 정부에서 '외환제도 감독 체계 개선 방안'을 발표하면서 QR코드 등을 활용한 해외 결제, 현금이 아닌 선불이나 전자지급수단을 통한 환전 등 새로운 형태의 외환 서비스가 창출되도록 관련 법령을 개정해나갈 계획이라고 밝혔다. 따라서 카카오페이가 해외에서 사용될 수 있는 길이 트이게 됐으며, 카카오페이가 알리페이와 협업할 경우 같은 QR코드를 사용할 수 있을 것이다. 역으로, 한국에 여행 온 중국 관광객이 카카오페이의 QR코드

카카오페이 QR코드 결제.

를 사용하여 알리페이로 결제할 수도 있을 것이다.

중국이 그랬던 것처럼 한국도 MPM 방식의 QR코드가 널리 사용돼 이를 활용한 지급결제 플랫폼이 대세가 된다면, 온라인 상거래 시장에 일대 변혁이 일어날 것이다. 현재 카카오페이는 5% 적립, 현금영수증 자동 처리를 인센티브로 내세우고 있다. 그리고 카카오페이와 다양한 핀테크 및 온라인 서비스를 묶어 수익 모델을 만들려는 계획을 가지고 있다. 실제 카카오택시와 같은 모빌리티 서비스 및 카카오 플랫폼을 활용한 상거래 서비스와의 시너지도 클 것으로 기대된다.

한편 2018년 10월 카카오페이는 국내 소형 증권사인 바로투자

증권의 지분 60%를 인수했다. 중국 알리페이의 위어바오처럼, 카카오페이 플랫폼 안에서 금융사를 통해 금융상품 판매나 자산관리 서비스를 제공함으로써 다양한 금융 수익 모델을 추구하려는 포석이다. 사실 알리페이도 지급결제로 수익을 내는 것은 아니다. 강력한 지급결제 플랫폼을 통해 부가 서비스를 만들고 이를 통해 다양한 수익 모델을 만든 것이다.

카카오페이가 알리바바와 손을 잡은 것은 알리페이가 중국에서 성공적으로 안착시킨 사업들을 한국에도 이식할 수 있다고 판단했기 때문일 것이다. 알리바바 역시 카카오페이를 알리바바 생태계의 일원으로 만듦으로써 알리바바 사용자들에게 또 다른 만족감을 안겨주는 부가 서비스를 제공할 수 있을 것이다.

중국의 알리페이가 그랬던 것처럼, 카카오페이도 지급결제 시장을 장악하기 위해 자사 QR코드를 활용한 결제에 상당한 인센티브를 제공할 것으로 예상된다. 시장을 장악하려면 상당히 큰 마케팅 비용을 감수해야 한다. '수수료 제로'는 물론이고 카카오페이를 쓸 때마다 따라오는 할인 혜택이 있을 때, 수많은 사용자가 카카오페이에 습관을 들일 것이다. 그리고 마침내 지급결제 시장에서 지배적 사업자가 되면, 이 비용을 상쇄하고도 남을 이익이 따라올 것이다. 카카오 생태계 내 멜론·주문하기·엉화예매·헤어숍 등의 여러 서비스와 시너지도 발생하겠지만, 카카오 밖의 플랫폼에서도 카카오페이를 활용하고 오프라인 매장과 소상공인까지 카카오페이를 활용한다면 수많은 결제 데이터가 쌓이고 이를 활용해 더 많은 부가 서비스를 창출할 수 있을 것이다.

카카오페이는 강력한 SNS를 기반으로 지급결제 시장의 또 다른 강자가 된 텐센트의 위챗페이를 떠올리게 한다. 텐센트는 위챗 SNS 및 위챗페이를 기반으로 수많은 플랫폼과 연합하여 텐센트 생태계를 구축했다. 지급결제 시스템이야말로 생태계를 만들어주는 매개체라 해도 과언이 아니다. 위챗에는 다양한 회원카드를 전자 카드로 만들어 보관하는 기능이 있다. 위챗으로 결제를 진행하면 회원카드를 보여줄 필요도 없이 연계된 전자 회원카드에 포인트가 자동으로 적립된다. 이런 모델을 한국 시장에서는 알리바바가 전략적 파트너인 카카오페이를 통해 시도하게 될 것이다.

카카오페이가 한국의 지급결제 시장을 장악할 수 있다고 할 때 알리바바가 궁극적으로 노리는 것은 지급결제로 창출된 데이터일 것이다. 마윈은 이제 IT(정보 기술)의 시대는 저물고 DT(데이터 기술)의 시대가 올 것이라고 예견하고 있으며, 앞으로는 데이터를 잘 축적하고 활용하는 기업이 시장을 지배할 것이라고 한다. 한국에서 카카오페이가 그 단초가 되기를 기대해본다.

# 지금 우리에게 필요한 정신

창업가와 투자자에게 있어서 중국은 참 부러운 지점이 많은 곳이다. 중국에서는 우리가 생각하는 것보다 많은 젊은이가 창업에 뛰어들고, 이들을 지원하는 정부 정책도 비교적 잘 갖춰져 있다. 중국 정부는 청년 실업 해결책으로 창업을 꼽으면서 청년들에게 창업을 적극적으로 지원하고 있다. 이 불씨가 대중들에게까지 번지면서 중국인이라면 응당 창업해야 한다는 분위기마저 느껴질 정도다.

　중국의 실리콘밸리라 불리는 베이징의 중관춘中关村, 선전의 화창베이华强北, 상하이의 푸단대학 부근에서는 창업가와 투자자들을 쉽게 볼 수 있다. 중국 곳곳에는 창업을 준비할 수 있는 공간인 창업카페가 마련되어 있다. 카페에 노트북 한 대만 들고 오면 사무실, 행사장, 멘토링 공간으로 활용할 수 있어 창업을 준비하는 이들에게 유용하다. 창업카페가 예비, 초기 창업자들의 교류와 소통은 물론 육성 플랫폼까지도 맡고 있는 셈이다. 이곳에서 창업자들은 투자자들을 만나 조언을 받기도 하고, 자신의 사업 아이디어를 설명하는 기회를 가진다.

그들은 알리바바를 창업한 제2의 마윈이 되고자 하는 '꿈'을 가지고 도전하고 있다. BAT의 성공 이후에도 샤오미, 디디추싱, 메이투안처럼 주식 공개 상장에 성공하는 기업과 유니콘 기업들이 계속해서 배출되고 있기 때문이다.

한국에서 창업은 아직 퇴직 후 생존을 위한 의미가 강하지만, 중국에서는 젊은이들이 자신만의 기술을 가지고 세상에 뛰어든다는 의미가 더 강하다. 한국 시장만을 타깃으로 한 창업은 성공하더라도 그 보상이 많지 않지만, 중국 시장에서의 성공은 곧 글로벌기업으로 도약하는 기회가 된다. 그렇다면, 우리도 중국 시장에서 창업해서 글로벌 유니콘 기업으로 도약해 볼 순 없을까? 쉽진 않겠지만 분명 도전해 볼 만한 일이다.

사실 외국인으로서 중국에서 창업하기에는 규제도 많고 중국 기업과 경쟁할 만큼 자본이나 기술력이 부족하기 때문에 뛰어들 생각조차 하기 어려운 것이 현실이다. 하지만, 도전하고자 한다면 방법이 전혀 없는 것은 아니다. 활동성活动性이란 앱을 이용하면 중국 주요 도시에서 각종 투자 세미나나 창업 활동이 일어나는 정보를 파악할 수 있으며, 누구나 예약하고 참석해 창업이나 투자와 관련해 중국인과 교류할 수 있다. 특히, 텐센트는 창업자들이 일할 수 있는 공간을 제공하면서 다양한 지원을 하고 있다.

상하이에는 대만 기업가가 설립한 청창원青创院이 있다. 대만 청년들이 중국에서 창업할 수 있도록 도와주는 인큐베이터 역할을 하는 곳이다. 이곳의 투자설명회에는 괜찮은 창업가들을 발굴해 직접 투자하려는 사람도 많다. 최근 상하이에도 한국인 창업을 돕기 위한 창업카페인 미래소년이 생겼다. 미래소년에 입주하면 중국에서 창업 경험을 가진 선배들과의 네트워킹을 통해 실질적인 조언을 받을 수 있다.

한국인이 중국에서 창업한다고 하면 보통 한국산 소비재 상품을 수입하여 중국인들에게 판매하는 것을 떠올린다. 최근 타오바오와 티몰은 중국 소비자들이 한국산 제품을 쉽게 쇼핑하고 구매할 수 있는 길을 열어주었다. 거대 중국 시장을 목표로 하는 기업이라면 알리바바는 피할 수 없는 관문이다. 중국 내에 한국 플랫폼이 없다면 적극적으로 현지 플랫폼을 이용할 필요가 있다. 알리바바에 입점해 장점을 적극적으로 이용하든지 스스로 알리바바, 징둥, 핀둬둬 같은 전자상거래 플랫폼이 되는 것이다.

만약 중국에서 창업해 이러한 전자상거래 플랫폼을 가지고 있다면 더 많은 한국 중소기업이 쉽게 중국 진출을 할 수 있을 것이다. 비용, 문화 차이, 언어적인 장벽을 해결해줄 한국 기업이 나타나기를 희망해 본다. 중국에서 기업을 설립하기 위해서는 반드시 내자기업으로서 중국인과 같이 법인을 설립해야 하는 등 많은 제약이 따른다. 우리는 단순 수입 판매보다는 독특한 비즈니스 모델을 가지고 확장성이 있는 사업을 키워야 한다.

가장 좋은 것은 아직 중국에 없는 플랫폼 비즈니스를 하는 것이다. 예를 들면, 에어비앤비나 위워크, 모바이크 같은 서비스가 세상에 나오기 전에 중국에서 가장 먼저 출시하는 것이다. 베이징대를 졸업한 한국인이 중국인과 함께 만든 중국판 페이스북인 '타타UFO'나 삼성 출신 창업가가 만든 유아교육 프랜차이즈인 '상상락'도 하나의 좋은 사례가 될 수 있다. 이런 소수의 한인 창업가들의 성공 사례가 있지만, 아직 시가총액 1조 원이 넘는 '유니콘'이라 부를 만한 규모의 기업은 나오지 않았다.

## 유니콘 기업으로
## 거듭나기 위해

마윈은 사람들이 불평불만을 이야기하는 곳에 창업 기회가 있다고 했다. 중국인들은 오랫동안 단체주의 생각에 갇혀 있었기 때문에 상상력과 창의력은 다소 부족하지만, 거대한 시장을 바탕으로 4일에 하나꼴로 유니콘 기업을 탄생시킨다. 우리도 일상생활의 불편함을 해결하는 아이디어를 중국 시장에 잘 접목해서 창업에 한해 중국인과 함께 플랫폼 기업으로 성장한다면 언젠가는 유니콘 기업이 나타나리라고 본다.

유니콘 기업을 만드는 것은 창업자의 노력뿐만 아니라 투자자의 도움도 필요하다. 즉, 우리는 중국에서 투자자로서의 도전도 생각해 볼 수 있다. 아직 개인이 중국 벤처기업에 직접 투자한 사례는 거의 없다. 알리바바를 발굴해서 투자 금액의 약 3,000배에 이르는 대박을 터트린 손정의 회장의 투자 방법을 연구해 보는 것도 좋다. 그가 알리바바에 투자하기로 결심한 것은 중국 시장에서 인터넷과 거대 소비 시장의 결합으로 일어날 변화를 예측했기 때문이다.

손 회장은 거시적인 안목을 가지고 각 분야에서 최고의 회사를 골라 투자하고, 이 회사들을 서로 연결해 산업을 장악한다. 예를 들어, 반도체 회사인 ARM, 엔비디아에 투자하고, 차량 공유 기업인 디디추싱, 우버에 투자하여 미래의 자율주행차 산업을 완전히 장악하는 식이다. 그의 치밀한 전략과 실행력은 놀라울 따름이다. 손회장의 전략은 각 기업을 먼저 선점하고, 연결하고, 해당 산업을 장악한다고 해서 '점–선–면 전략'이라고도 한다.

ARM을 인수했을 당시에는 모두 손 회장의 의도를 몰라서 어리둥절했다. 그러나 지금 되돌아보면 사물인터넷 시대의 도래를 내다본 신의 한 수였다. 알리바바의 대주주는 마윈이 아니라 손정의 회장이다. 재주는 곰이 부리고 돈은 주인이 챙기는 거라고 봐야 할까? 오히려 뒤집어 생각해 보면, 한국인 중 누군가 이런 통찰력을 가지고 선행 투지를 했다면 얼마나 좋았을까 하는 생각이 들어 아쉽기만 하다.

2018년 손정의 회장은 머지않아 인공지능의 도래를 예고하고 인간의 지능을 뛰어넘는 로봇이 출현할 것이라고 말한다. 인터넷 시대와 모바일 시대에 가장 성공한 경영자인 손정의 회장이 다음 투자처로 인공 지능과 사물인터넷을 지목한 것이다. 알리바바의 향후 전략도 손정의 회장이 강조하는 산업과 거의 일치한다.

　　알리바바 역시 4차 산업 관련 기업 투자에 있어서 빼놓을 수 없다. 다모 아카데미를 통해서 향후 인공지능, 사물인터넷, 반도체, 양자컴퓨팅 등에 집중적으로 투자하고 있다. 이제 글로벌 전자상거래 기업에서 20억 명의 소비자를 대상으로 서비스를 준비하는 글로벌 데이터 테크놀로지 기업으로 이미 변신 중이다. 아침에 눈을 뜨고 잠이 들 때까지 구매, 결제, 엔터테인먼트, 물류, 교통 등 알리바바의 플랫폼 안에서 모든 서비스를 받도록 하겠다는 포부다.

　　이처럼 중국은 미국보다 훨씬 많은 데이터를 생성하고 가공할 수 있기 때문에 필사적으로 인공지능 산업에 집중하고 있고, 이 산업의 선두인 알리바바는 곧 중국인의 자부심이기도 하다. 앞으로 미·중 간 경쟁은 곧 아마존과 알리바바의 경쟁이라고 봐도 무방하다. 자국 시장을 선점한 두 기업이 동남아, 인도에서 펼칠 경쟁은 곧 미래 경제 패권과도 일맥상통한다.

## 한국에도 시대정신을 가진
## 롤모델이 나타나길 바라며

우리는 4차 산업을 잘 이해하고 있지만, 실행하면서 리딩하는 기업가나 투자자는 잘 보이지 않는다. 4차 산업에 대해 설명하는 교수나 강사는 수없이 많다. 하지만 4차 산업 하면 딱 떠오르는 한국 글로벌 기업이 있는가? 한국의 대기업은 하드웨어에는 강하지만 미국(FAANG), 중국(BAT)과 견줄 수 있는 플랫폼 기업이 없는 것이 사실이다.

한국 대기업은 아직 오너 가족에 의해서 중요한 의사결정이 이루어지기 때문에 리스크를 감수하고 신사업에 잘 뛰어들지 않는다. 현대, 삼성, LG 모두 오너 일가의 후손이 경영을 이어받았는데, 사업을 잘 승계하여 위험 없이 그 자리에 잘 머무는 것을 최우선으로 생각하는 듯한 느낌이다. 창업이나 투자는 리스크를 감수해야 하므로 명확한 목표와 비전이 없으면 뛰어들기가 어렵기 때문이다.

마윈은 중국에서 인터넷이 막 태동하던 시기에 창업했다. 그는 중국의 수많은 중소 수출 기업을 인터넷에 연결해 중국 제품의 경쟁력을 강화하겠다는 목표를 품었다. 그 결과, B2B 회사인 알리바바가 탄생했다. 마윈은 당시 중국이 필요했던 기업가 정신을 가장 잘 실현한 인물이다. 개혁개방 시절에 꼭 필요한 글로벌 마인드를 갖추었고, 불굴의 도전정신으로 나라의 경제를 일으켰다. 지금 한국 대기업을 일군 현대 정주영 회장이나 삼성 이병철 회장이 한국 경제를 일으키던 당시의 시대정신과 일맥상통한다.

그렇다면 현재 중국과 한국의 기업가 정신의 차이는 어디에 있을까? 스마트폰이 처음 나왔을 때 스티브 잡스의 모습을 떠올려 보자. 모든 것을 바쳐서 만든 아이폰 제품을 설명하는 잡스의 모습은 그 자체로 엄청난 마케팅이었고 다수의 애플 팬을 만드는 원동력이었다. 마윈뿐만 아니라 샤오미의 레이쥔, 바이두의 리옌훙, 텐센트의 마화텅은 자주 대중과 호흡하며 자기 생각과 미래의 방향에 대해서 소통한다. 그 자체로 중국 젊은이들에게 엄청난 자극을 주고, 성공하고 싶다는 동기를 부여한다.

하지만 한국 CEO들은 대중 앞에 모습을 잘 드러내지 않는다. 설령 대중 앞에 나타나더라도 본인이 직접 일군 기업이 아니라면 크게 감동적이지도 않을 것이다. 그럼에도 한국의 청년들은 대기업을 선망하고, 대기업 입사를 꿈꾼다. 그러나 과연 선망할 만큼 그 기업들이 진취적이고 역동적인지에 대해서는 의문이 생긴다.

창업 프로그램인 〈스타트업 빅뱅〉에 출연해 사람들에게 감동을 준 17세 고등학생이 있었다. 곤충에게 먹이는 사료를 만드는 사업이었는데 명확한 목표와 시장 특성을 파악하고 있었다. 그가 한 말 중 가장 인상적이었던 대목은 이것이다.

"친구들은 삼성에 들어가는 법을 배우고 있지만, 저는 삼성을 만드는 법을 배운다는 마음으로 창업을 했습니다."

이것이 지금 우리에게 필요한 시대정신이 아닐까?

알리바바를 통해서 중국을 알고 배우는 것도 중요하지만 또 하나의 알리바바를 만들기 위해 공부하고 노력하는 정신이 필요하다. 나이를 먹을수록 새로운 도전을 하기는 점점 어려워진다. 세상이 그리 만만치 않다는 것을 알기 때문이다. 그래서 젊을 때 모든 것을 바쳐서 도전해 보는 창업 기업들이 많아져야 한다. 그리고 마윈처럼 젊은이들의 롤모델이 되는 선배 창업가가 연단에서 본인의 경험을 생생하게 들려주는 자리가 많아져야 한다.

치열한 경쟁을 뚫고 대기업 사원이나 공무원이 되는 것도 분명 의미가 있다. 하지만 남들과 다른 길을 가는 젊은이들이 더 많아졌으면 하는 바람이 있다. 그리고 그 젊은이들을 격려하고 지원하는 시스템을 갖추어 국내에서도 하룻밤 만에 유니콘 기업이 탄생하는 기적을 볼 수 있기를 기대해 본다.

# 알리바바의 재무분석

## 매출 및 수익성 분석

알리바바의 매출 규모는 2015년 17조 원, 2016년 27조 원, 2017년 42.5조 원으로 최근 3년간 연평균 성장률$_{CAGR}$ 154%라는 놀라운 성장을 이뤄왔다. 한국 내 대표 IT 기업인 네이버의 2017년 매출이 4.7조 원이었으므로 알리바바의 매출 규모는 네이버의 9배에 달한다.

더욱 놀라운 점은 알리바바가 아주 수익성이 높은 기업이라는 것이다. 알리바바는 여러 새로운 사업을 공격적으로 시도하고 있는데 2017년 영업이익은 12조 원으로 영업이익률이 28%, 기타 영업외투자수익을 고려한 세전이익$_{EBIT}$은 17조 원으로 수익률이 40%, 당기순이익은 10조 원으로 수익률 25%를 달성했다. 특이하게도 세전이익이 영업이익률보다 한참 높은데, 그 이유는 자회사의 지분가치 재평가 5.2조 원◆ 및 앤트파이낸셜로부터 받은 로열

---

◆ 2018 연차보고서에서 해당 금액이 알리바바헬스와 차이냐오네트워크의 지분가치 재평가에 따른 수익이라고 밝힘.

## 최근 3년의 손익계산서 요약

(단위: 10억 원)

| 구분 | 2016년 연차보고서 | 2017년 연차보고서 | 2018년 연차보고서 |
|---|---|---|---|
| **매출** | 17,194 | 26,906 | 42,545 |
| 직접원가 | (5,840) | (10,112) | (18,197) |
| 제품개발비 | (2,344) | (2,900) | (3,868) |
| 영업 및 마케팅 | (1,922) | (2,773) | (4,641) |
| 일반관리비 | (1,565) | (2,081) | (2,761) |
| 무형자산 감가상각 | (498) | (871) | (1,210) |
| 영업권상각 | (77) | 0 | (84) |
| **영업이익** | 4,947 | 8,169 | 11,783 |
| 투자이익 | 8,883 | 1,455 | 5,184 |
| 이자 | (331) | (454) | (606) |
| 기타수익 | 2,058 | 1,035 | 707 |
| **세전이익** | 15,558 | 10,205 | 17,069 |
| 법인세 | (1,436) | (2,342) | (3,094) |
| 지분손익 | (294) | (855) | (3,535) |
| **당기순이익** | 13,827 | 7,008 | 10,440 |

출처: 알리바바의 해당 연도 연차보고서

◆ 알리바바의 회계기간은 4월부터 다음 해 3월까지다. 예를 들어 2016년 연차보고서는 2015년 4월 ~ 2016년 3월의 회계사항을 보고한다.

티 등이 포함되기 때문이다. 참고로 네이버의 영업이익률은 25%, 세전이익률은 26%, 당기순이익률은 16%다.

또한 알리바바는 미래 성장을 위한 투자 지표라고 할 수 있는 연구개발비에 최근 3년간 2.4~3.9조 원을 썼고, 2018년에는 3.9조 원, 매출액의 9%를 투자했다. 특히 전자상거래 및 클라우드컴퓨팅의 핵심 기술은 자체 개발하고 있다.

2018년 3월 말 기준 알리바바의 연구개발 인력은 총 2만 4,000명이다.◆ 같은 시점 기준 연구개발 관련 지적재산권 특허는 중국 내 3,003건, 해외 2,731건이고 중국 내 8,882건, 해외 6,903건의 특허심사가 진행 중이다.

알리바바가 2017년 광군절(11월 11일) 하루 만에 27.4조 원의 매출을 기록했다고 하는데 2017년 매출액이 왜 42.5조 원밖에 안 되는지 의문을 가질 수도 있을 것 같다. 하지만 알리바바는 거래 중개를 진행하는 플랫폼이기에 거래에서 파생되는 서비스 및 수수료를 매출로 잡는다. 하루 만에 나온 판매액 27.4조 원은 총거래액을 의미하는 GMV라는 개념으로 산출한 숫자다. GMV만을 놓고 보자면 2017년 전년 대비 30% 성장한 788조 원(약 4.63조 위안)으로, 금액 면에서 같은 해 전 세계 GDP 순위 21위인 아르헨티나의 GDP

---

◆ 2018년 연차보고서, p. 165

668조 원을 훨씬 넘어선다. 참고로 2017년 GDP 순위 20위는 스위스로 816조 원이었다.

알리바바와는 다른 사업 모델을 추구하는 아마존은 2017년 매출액이 약 201조 원(약 1,779억 달러)에 달한다. 아마존은 거래 중개보다는 직접 매입하여 플랫폼 내 거래를 진행하므로 GMV의 많은 부분이 매출에 반영된다.

2018년 연차보고서에서 보고된 2017년 매출 42.5조 원을 내역별로 조금 더 자세히 들여다보면 전자상거래가 36.4조 원으로 전체 매출의 86%를 차지하여 매출 대부분이 전자상거래에서 나온다는 걸 알 수 있다.

### 4대 사업군별 매출액(2017년)

(단위: 10억 원, %)

| 구분 | 전자상거래 | 클라우드 | 미디어 및 엔터 | 혁신 서비스 | 합계 |
|---|---|---|---|---|---|
| 매출 | 36,383 | 2,276 | 3,326 | 560 | 42,545 |
| 매출 비중 | 86 | 5 | 8 | 1 | 100 |

전자상거래 매출 중 가장 큰 부분은 타오바오와 티몰을 위주로 한 중국 내 B2C 사업이다(p.296의 표 '최근 3년간 사업군별 매출액 추이' 참조). 2017년 기준 중국 내 B2C 분야 매출은 30조 원으로 전체 매

출의 71%를 차지한다. 아직 알리바바는 글로벌 사업보다는 중국 내 B2C 전자상거래에 크게 기대고 있음이 드러난다. 하지만 기존 알리익스프레스 및 라자다 플랫폼의 성장과 함께 국제 B2C 전자상거래의 비중이 2015년 매출액의 2%에서 2016년에는 5%, 2017년에는 6%로 증가 추세를 보이고 있다. 알리바바는 글로벌 기업으로 거듭나기 위해 인도 및 동남아 시장의 전자상거래 비중을 지속적으로 확장할 것이다. 2017년부터는 손익계산서에 전자상거래 사업 내 물류 서비스의 매출 4,580억 원(약 67.6억 위안)이 반영됐다. 알리바바가 추가 투자를 통해 차이냐오 지분율을 51%로 늘리면서 차이냐오가 자회사로 편입됐기 때문이다.

4대 사업군 중 가장 주목할 만한 분야는 클라우드 서비스다. 클라우드 서비스 매출은 2015년 0.5조 원, 2016년 1.1조 원, 2017년 2.3조 원으로 연평균 2배 이상의 성장을 보이고 있으며 이미 중국 내 독보적 1위, 글로벌 3위로 성장했다.

미디어 및 엔터테인먼트 사업군 매출은 2015년 0.7조 원에서 2017년 3.3조 원으로 괄목할 만한 성장을 이뤘다. 주원인은 유쿠가 2016년부터 연결재무제표에 결합됐기 때문이고 UC웹 서비스에서 모바일검색, 뉴스피드, 게임 등 다양한 부가가치 서비스가 창출된 것도 한몫했다. 미디어 및 엔터테인먼트 사업군의 주요 수익원은 플랫폼 광고 및 마케팅, 유료 회원비 등이다.

## 최근 3년간 사업군별 매출액 추이

(단위: 10억 원, %)

| 구분 | | 2015년 | | 2016년 | | 2017년 | |
|---|---|---|---|---|---|---|---|
| | | 매출 | 매출 비중 | 매출 | 매출 비중 | 매출 | 매출 비중 |
| 전자상거래 | 중국 내 B2C | 13,606 | 79 | 19,399 | 72 | 30,015 | 71 |
| | 중국 내 B2B | 729 | 4 | 965 | 4 | 1,218 | 3 |
| | 국제 B2C | 375 | 2 | 1,247 | 5 | 2,417 | 6 |
| | 국제 B2B | 922 | 5 | 1,020 | 4 | 1,126 | 3 |
| | 차이냐오 | — | — | — | — | 1,149 | 3 |
| | 기타 | 65 | 0 | 128 | 0 | 458 | 1 |
| | 합계 | 15,697 | 91 | 22,760 | 85 | 36,383 | 86 |
| 클라우드 | | 513 | 3 | 1,132.71 | 4 | 2,276 | 5 |
| 미디어 및 엔터 | | 675 | 4 | 2,504.61 | 9 | 3,326 | 8 |
| 혁신 서비스 | | 309 | 2 | 509.49 | 2 | 560 | 1 |
| 합계 | | 17,194 | 100 | 26,906 | 100 | 42,545 | 100 |

## 사업군별 매출액 및 손익(2017년)

(단위: 10억 원, %)

| 구분 | 전자상거래 | 클라우드 | 미디어 및 엔터 | 혁신 서비스 | 기타 | 합계 |
|---|---|---|---|---|---|---|
| 매출 | 36,383 | 2,276 | 3,326 | 560 | 0 | 42,545 |
| 영업이익 | 17,466 | (524) | (2,404) | (1,173) | (1,582) | 11,783 |
| 영업이익률 | 48 | −23 | −72 | −210 | — | 28 |

혁신 서비스 사업군에는 지도 서비스인 가오더지도, 기업형 메신저 딩톡Dingtalk, 인공지능 스피커인 티몰지니 등이 포함된다. 그밖에 알리바바가 시도하는 신규 사업들도 혁신 서비스 사업군에 속해 인큐베이팅 과정을 거치게 된다. 한 예로 2016년까지 혁신 서비스에 포함됐던 신선식품 O2O 플랫폼 허마시엔셩은 인큐베이팅이 끝나 2017년 전자상거래 서비스에 편입됐다.

4대 사업군의 손익을 살펴보면 전자상거래 사업군을 제외한 그밖의 사업군은 상당한 손실을 기록하고 있다. 영업이익을 보면 클라우드는 0.5조 원 손실로 이익률 −23%, 미디어 및 엔터테인먼트 분야는 2.4조 원 손실로 이익률 -72%, 혁신 서비스 분야는 1.2조 원 손실로 이익률이 -210%에 달한다. 하지만 알리바바의 미래 성장 동력을 확보하기 위해 불가피한 투자이며, 앞으로 급변하는 트렌드 속에서 새로운 수익 창출원은 이 분야에서 생겨날 것이다.

앞서 봤듯이, 2017년 매출 중 전자상거래 비중이 86%를 차지한다. 알리바바는 전자상거래에서 발생하는 중개 서비스 수수료와 부가 서비스만으로 이 매출을 창출한 것일까? 아니다. 알리바바의 최대 매출 및 수익의 원천은 타오바오와 티몰 전자상거래 플랫폼에서 대행하는 광고 및 마케팅 서비스다. 중국 B2C 매출을 다시 세분한 다음 표를 보면 알리바바의 광고 빛 마케팅(알리바바는 이를 연차보고서에서 고객 관리 서비스customer management 라고 정의하고 있다) 매출은 2017년 19.4조 원으로 중국 B2C 사업 매출의 65%를 차지한다. 거래 중개 수수료는 거래금액의 0.3~5.0%이며 2017년 수수료 총 매출은 7.9조로 중국 B2C 사업 총매출의 26%밖에 되지 않는다.

### 알리바바의 중국 내 B2C 전자상거래 분야 매출 내역

(단위: 10억 원, %)

| 구분 | 2015년 | | 2016년 | | 2017년 | |
|---|---|---|---|---|---|---|
| | 매출 | 매출 비중 | 매출 | 매출 비중 | 매출 | 매출 비중 |
| 광고 | 8,907 | 65 | 13,180 | 68 | 19,428 | 65 |
| 수수료 | 4,391 | 32 | 5,791 | 30 | 7,909 | 26 |
| 기타 | 307 | 2 | 427 | 2 | 2,677 | 9 |
| 합계 | 13,606 | 100 | 19,399 | 100 | 30,015 | 100 |

즉 알리바바는 중국 최대의 전자상거래 중개 업체임과 동시에 중국 최대의 광고 마케팅 업체 중 하나다. 알리바바는 소비자가 온라인광고를 클릭하는 것에 과금하는 시스템인 P4P<sub>Pay for Performance</sub> 마케팅 서비스, 온라인 광고 디스플레이 서비스, 중소기업 및 개인판매자들을 위해 제공하는 판매 커미션 기반의 광고 서비스인 타오바오커淘宝客 프로그램을 제공하고 있다. 이 중 광고 서비스의 매출은 2017년에 전년 대비 27%나 성장했다. 중국 B2C 전자상거래 매출 중 기타는 허마시엔성, 인타임리테일 등의 매출이다.

2018년 1월 알리바바는 앤트파이낸셜과의 이익공유를 마무리함과 동시에 지분 33%를 인수하기로 결정했다고 발표했다. 현재 이를 진행 중이며 정부 허가를 기다리고 있다. 앤트파이낸셜은 중국 내 핀테크 일인자임과 동시에 온라인 금융사로 재무제표 결합시 알리바바에 상당한 호재가 될 것이다. 그리고 현재 대주주가 창업자 마윈 개인 지배하의 쥔한君瀚펀드 42.46% 및 쥔아오君澳펀드 32.14%로 총 74.6%인 점을 고려할 때 알리바바 법인체가 33%의 지분을 인수한다고 해도 공식적인 자회사 편입은 여전히 쉽지 않다. 하지만 현재 중국 유니콘 기업가치 중 최대 규모인 앤트파이낸셜이 상장된다면 알리바바가 보유한 지분가치가 재산정되면서 재무제표에 아주 긍정적인 영향을 미칠 것이다.

또 하나 알아두어야 할 사항은 알리바바가 중국 법인체가 아니라는 점이다. 미국 뉴욕 증시에 상장되어 있는 알리바바는 케이맨제도에 본사를 두고 있는 외국 법인체이며 대주주는 지분의 28.8%를 보유한 손정의 회장의 소프트뱅크 및 14.8%를 보유한 미국 야후다.

따라서 온라인 금융 서비스사인 관계사 앤트파이낸셜의 지분 취득도 외자 법인체가 아닌 알리바바의 중국 내 법인체를 통해서 진행하고 있으며, 중국 성부의 심사도 까다로운 상황이다. 중국 Top 10 기업 순위를 나열할 때 알리바바가 포함되지 않는 이유도 외국

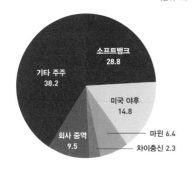

**알리바바의 지분 구조** (2018년 7월 기준)

(단위: %)

소프트뱅크 28.8

기타 주주 38.2

미국 야후 14.8

회사 중역 9.5

마윈 6.4

차이충신 2.3

법인체이기 때문이며, 인터넷 라이벌 기업인 텐센트도 마찬가지다.

### 주가 흐름 분석

알리바바의 상장 과정과 이후 주가의 흐름을 살펴보자.

알리바바는 2014년 11월 미국 상장 당시 사상 최대 규모의 IPO로 세상의 주목을 받았다. 114달러의 주가로 화려하게 데뷔했으나, 이후 2016년 상반기까지 지속적으로 하락했다. 중국 공상총국과 갈등이 발생했기 때문이다. 알리바바는 중국에서 사업을 하지만 결국 미국 투자자들이 돈을 벌기 때문에 중국 정부로부터 곱지 않은 시선을 받았다. 그래서 중국 공상총국은 짝퉁 문제를 걸고넘어지며 알리바바를 길들이고 싶어 했다. 게다가 마윈 회장이 이 문제에 이의를 제기하며 법적 대응 움직임을 보이면서 정부 당국의 심기를 더욱 건드렸고 주가는 줄곧 내리막길을 걸었다.

중국에서는 어떤 일이 있어도 정부에 대항하면 안 된다. 아무

◆ 2018년 연차보고서, p. 187 참조

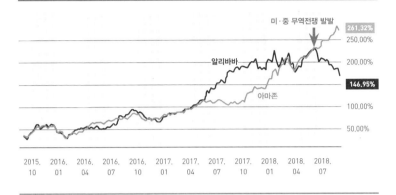

**알리바바 vs. 아마존 주가**

미·중 무역전쟁 발발

261.32%

250.00%

알리바바

200.00%

아마존

146.95%

100.00%

50.00%

2015. 2016. 2016. 2016. 2016. 2017. 2017. 2017. 2017. 2018. 2018. 2018.
10    01    04    07    10    01    04    07    10    01    04    07

리 덩치 큰 기업이라도 한순간에 해체될 수 있기 때문이다. 중국 정부가 알리바바를 길들이려 한 이유는 짝퉁을 파는 것이 문제가 아니라 알리바바가 중국인들의 수많은 데이터를 장악해 힘이 너무 커지고 있었기 때문이다. 결국 마윈이 공상총국을 찾아가 협조를 약속하고 짝퉁 제품 척결에 노력하겠다고 하면서 알리바바 주가는 다시 정상 궤도에 오르게 됐다. 이를 상징적으로 보여준 것이 2016년 9월 항저우에서 개최된 G20 정상회의 때 마윈 회장이 시진핑 주석을 보좌하는 모습이다. 중국 정부와 알리바바가 이제 한 배를 탔다는 것을 의미하는 장면이었다.

그 후 2017년까지 알리바바 주가는 100% 이상 상승하면서 아마존의 시가총액을 잠시 제치기도 했다. 중국 소비 시장이 폭발하

**알리바바의 주가 추이**◆

(단위: 달러)

| 연도 | 고점 | 저점 |
|------|------|------|
| 2014 ● | 120.00 | 80.03 |
| 2015 | 95.06 | 57.20 |
| 2016 | 110.45 | 73.30 |
| 2017 | 206.20 | 106.76 |

면서 전자상거래를 비롯한 알리바바의 사업이 순항했기 때문이기도 하지만, 클라우드컴퓨팅이나 공공장소의 알리페이 사용, 농촌타오바오 등 정부의 전폭적인 지원이 있었기 때문이다.

2017년에 중국 BAT는 미국 IT 기업들을 위협할 정도로 급격히 성장하면서 중국인들에게는 자부심이 됐다. 당시 시진핑 주석도 중국몽을 앞세워 미국을 앞서겠다는 메시지를 계속해서 보내고 있었고, 이것이 결국 미국을 자극해 트럼프 정부가 무역전쟁을 일으키는 빌미가 됐다. 2018년에도 알리바바는 신유통 혁명을 통해 계속해서 성장하고 있고 매출 성장률은 60%대를 달리고 있다. 하지만 중국 정부와 이미 한 몸이 된 이상 중국이 미국으로부터 공격을 받을수록 주가는 하락세를 타고 있다. 결국 알리바바는 정치적인 이슈에서 벗어날 수가 없는 것이다.

알리바바는 분명히 전자상거래뿐만 아니라 알리바바클라우드, 차이냐오 물류 플랫폼, 알리페이 등 아직도 성장 중인 자회사와 투

---

◆ 2018년 연차보고서, p. 211
● 2014년 9월 19일에 상장했다.

자사들이 많다. 따라서 주가는 지속적으로 상승할 것이다. 앞서 살펴보았듯이 2017년 말 월스트리트 투자가들이 토너먼트 형식으로 향후 10년간 가장 투자가치가 있는 기업에 투표를 했을 때, 아마존을 제치고 알리바바가 1위를 차지했다. 이는 투자자들이 알리바바의 미래를 낙관하고 있으며, 인도나 동남아에서 성공적으로 안착하리라고 본다는 뜻이다. 다만, 미·중 무역분쟁이 어떻게 전개되느냐에 따라서 주가가 흔들릴 가능성이 크므로 투자를 할 때는 이 부분에 주의해야 한다.

20억 소비자의 24시간을 지배하는
# 알리바바가 온다

**초판 발행** | 2019년 3월 14일

**지은이** · 임정훈, 남상춘
**발행인** · 이종원
**발행처** · (주) 도서출판 길벗
**브랜드** · 더퀘스트
**주소** · 서울시 마포구 월드컵로 10길 56 (서교동)
**대표전화** · 02 ) 332-0931 | **팩스** · 02 ) 322-0586
**출판사 등록일** · 1990년 12월 24일
**홈페이지** · www.gilbut.co.kr | **이메일** · gilbut@gilbut.co.kr

**기획** · 김세원(gim@gilbut.co.kr) | **책임편집** · 조진희(cho_jh@gilbut.co.kr) | **디자인** · 비버상회
**제작** · 이준호, 손일순, 이진혁 | **영업마케팅** · 정경원 | **웹마케팅** · 이정, 김선영 | **영업관리** · 김명자
**독자지원** · 송혜란, 정은주 | **교정교열** · 공순례 | **CTP 출력 및 인쇄** · 예림인쇄 | **제본** · 예림바인딩

**ISBN 978-11-6050-727-0**
(길벗 도서번호 090129)

정가 : 16,000원

**독자의 1초까지 아껴주는 정성 길벗출판사**

**(주)도서출판 길벗** | IT실용, IT/일반수험서, 경제경영, 더퀘스트(인문교양&비즈니스), 취미실용, 자녀교육 www.gilbut.co.kr
**길벗이지톡** | 어학단행본, 어학수험서 www.gilbut.co.kr
**길벗스쿨** | 국어학습, 수학학습, 어린이교양, 주니어 어학학습, 교과서 www.gilbutschool.co.kr

이 도서의 국립중앙도서관 출판예정도서목록(CIP)은 서지정보유통지원시스템 홈페이지(http://seoji.nl.go.kr)와 국가자료종합목록시스템(http://www.
nl.go.kr/kolisnet)에서 이용하실 수 있습니다. (CIP제어번호 : CIP2019003974)